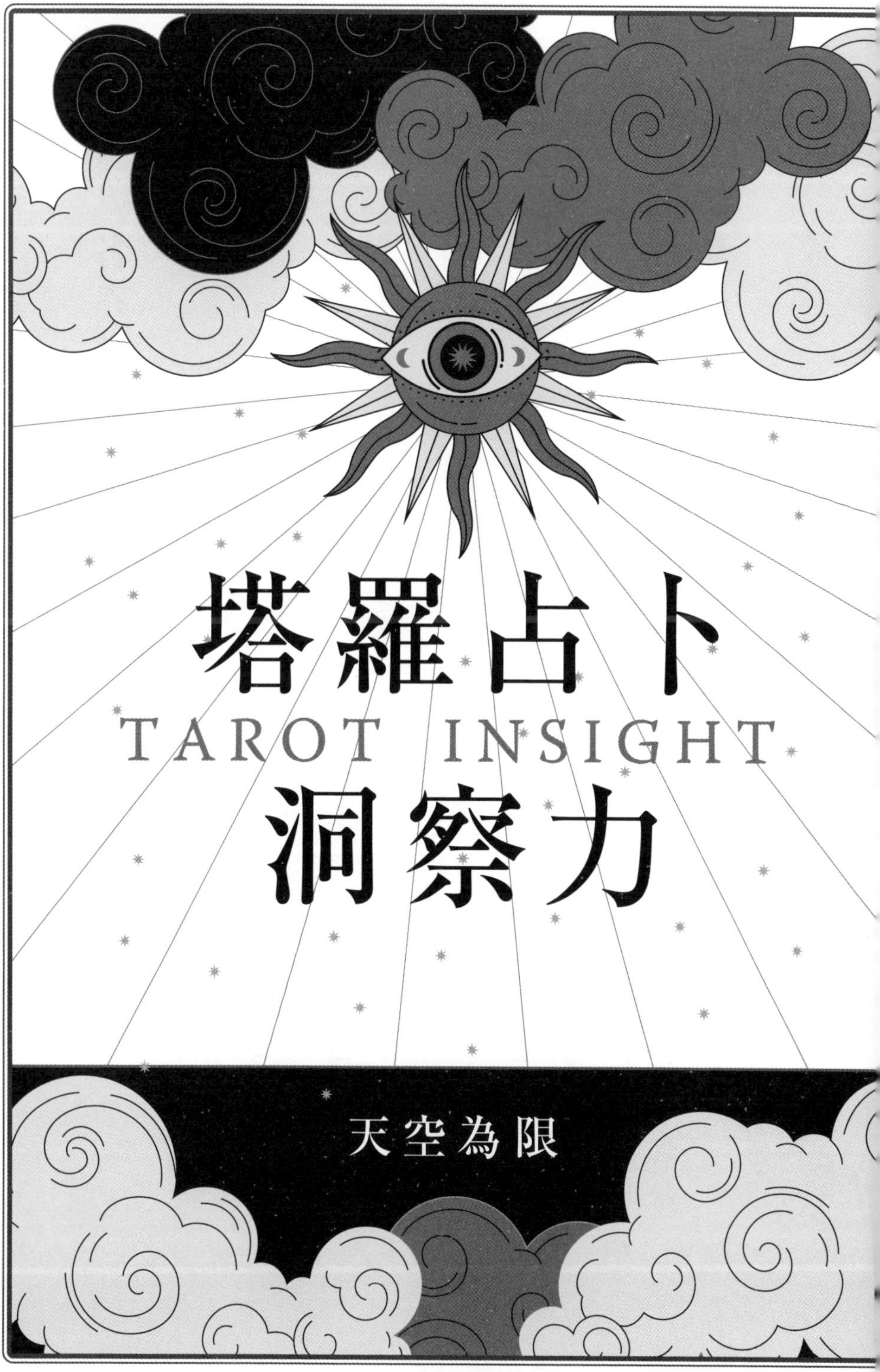

塔羅占卜洞察力

TAROT INSIGHT

天空為限

各界好評

塔羅牌理應是很貼近人心與生活的工具，天空老師果然實力深厚，在用字遣詞上不乏對於塔羅牌基礎牌義的深刻理解，還能夠帶進多數人會諮詢塔羅牌的問題進一步解析，使我們更懂得運用塔羅牌這項工具為自己占卜。

——于玥（臺灣日治時期塔羅牌創作者／心理師）

最接地氣塔羅解讀，把塔羅融入生活。

——安妮（《安妮療癒塔羅》作者）

運用自身多年牌卡解讀之經驗，書中以塔羅元素為引、生活故事為例，讓你我輕鬆的覺察，在真誠地分享之餘，也同時流暢了占卜時口語化的表達。

——孟小靖（塔羅事典館主）

這不只是一本帶有豐富占星元素的塔羅書，更在字裡行間帶有細緻的人生哲理，讓生硬的知識讀起來毫不生澀，而是驚喜與痛快。

——柚子甜（心靈作家）

（天空為限）老師盡可能的將每張牌都進行了細化的訊息拆分，針對每張牌所包含的元素，數字、占星符號等性質，也做了非常詳盡的對應解讀，並且在每張牌的末尾補充了聖三角牌陣的解讀技巧。如果您是一位對塔羅學習尚淺的占卜師，相信可以通過老師絲絲入扣的講解，或更可結合案例章節的分析，能使您對卡牌的認識和理解以及在實戰上的應用有著更加深入的幫助。

——薛超（《卡巴拉生命之樹解密》作者）

目錄

推薦序

薛超，《卡巴拉生命之樹解密》作者

我是從學習塔羅牌開始，逐漸步入西方神秘學殿堂的，但真正為我搭建起清晰而又客觀的塔羅占卜法則的是天空為限老師。起初，本人學習塔羅預測的過程還不是很順利，我當時以為只要記下每張牌的牌圖訊息和基本牌義再結合一些卡牌資訊，便可以輕鬆駕馭，但在現實的實踐中往往差強人意。經過一段時間的磨練，我發現導致不能靈活測算且頻頻出問題的，正是牌圖和牌義這兩大部分的內容。因為牌圖中的場景畫面很容易讓人陷入到一種主觀化的描述思路裡，這使得不同的人在解讀同一張牌的畫面訊息時，會產生出很多不同的解釋；而牌義方面，則可以說是很容易讓人在解讀卡牌時進入到一種硬性死板的思路狀態中。後來，在跟隨天空為限老師學習塔羅牌時，老師也贊成我的這個想法，並多次提到，其實優先考慮元素、數字這些基本要素才是重要的，在我看來，這些基礎要素的拆分錨定，正是建立所預測事件狀態、性質、走向的重要基石，所以在分析預測時，我們不要只看卡牌上的表面訊息，而是要洞察每張卡牌的核心基礎訊息。正如同老師這本即將出版的作品《塔羅占卜洞察力》一書中，老師那段精準的概括「所以在我的教法中，四大元素跟數字特別重要，是決定牌義的依據，因為為什麼會有牌圖？牌圖是參考什麼畫出來的？當然就是參考數字跟元素（元素就是權杖、錢幣、寶劍、聖杯這些東西），從而決定這張牌是什麼牌義。」

而在新書的大阿爾卡納和小阿爾卡納的章節中，老師也是盡可能的將每張牌都進行了細化的訊息拆分，針對每張牌所包含的元素，數字、占星符號等性質，也做了非常詳盡的對應解讀，並且在每張牌的末尾補充了聖三角牌陣的解讀技巧。如果您是一位對塔羅學習尚淺的占卜師，相信可以通過老師絲絲入扣的講解，或更可結合案例章節的分析，能使您對卡牌的認識和理解以及在實戰上的應用有著更加深入的幫助。而新書中讓我眼前一亮的，是〈多張牌的比較與異同分析〉這一章節，這部分的內容可以說是老師將一些（諸如皇帝和教皇、寶劍2和寶劍8）牌名或元素雷同的卡牌，進行了更為細緻的比較和分析，如果您是一位資深的塔羅師，那一定不要錯過這部份進階內容。

最後也要感謝天空為限老師的序文邀約，同時也感恩老師在塔羅、占星領域所付出的心血，也希望新書《塔羅占卜洞察力》可以成為您不可或缺的塔羅學習著作。

薛超

撰於泰國清邁府

Preface

前言

塔羅占卜
從元素拆解開始

我是自學塔羅占卜的，所以書上的分類法對我不適用，我的方法很簡單，就是看牌圖（我一開始是自學托特牌，色彩很重要，所以我幾乎都是從色彩看牌義），然後看人物的型態跟姿勢，還有他們身邊的動物跟物件代表什麼意思，拼湊出牌想表達的意思。四張數字牌放在一起，數字相同，元素不同，如果牌義相似的地方，就是數字的共同點，如果牌義不同的地方，就是元素的特點，所以在我的教法中，四大元素跟數字特別重要，是決定牌義的依據，因為為什麼會有牌圖？牌圖是參考什麼畫出來的？當然就是參考數字跟元素（元素就是權杖、錢幣、寶劍、聖杯這些東西），從而決定這張牌是什麼牌義。

最原始的塔羅牌是馬賽牌，馬賽牌沒有故事畫面，寶劍3就是三支寶劍，權杖4就是四支權杖，那古早的占卜師，沒有牌圖要怎麼算牌？當然就是數字加上權杖寶劍等元素，綜合起來有象徵的意義。像權杖4，權杖是火元素，權杖代表權柄的象徵，也是火元素，火元素等於火象星座的特質，牡羊、獅子、射手，都是外放的性格跟處事模式，也有著前進的動力，4這個數字代表完整，因為桌子椅子都有四隻腳才能支撐，房屋也有四面牆，所以4是穩定的基礎。那火元素動態，數字4靜態，組合起來就是會前進，但是在穩定中（4的特質）求發展（火元素的特質），但4有穩定的基礎，所以就算再差，也不會太差，不會比現在更壞了，火元素一定是往前往上，所以不會更壞，只會更好，我就覺得權杖4是很好的牌，因為只會往上，不會往下。

陽性元素是火跟風，陰性元素是水跟土，有沒有發現？風跟火都不是實物，都是能量型的存在，只會揮發，沒辦法存續，所以我說陽性元素是耗散結構，隨著時間過去，只會消散，所以權杖（火）跟寶劍（風），數字越大，例如寶劍9跟寶劍10，權杖9跟權杖10，都不是好牌。

但陰性元素，就是聖杯（水）跟錢幣（土），都是可以永久留存的物質，不像風跟火是能量而已，所以風跟火揮揮手就散掉了，土跟水可以長時間的存在。我都說陰性元素是穩定結構，不會輕易消失，聖杯9跟聖杯10，錢幣9跟錢幣10，都是非常好的牌，牌面也畫上穩定美好的意涵。

Chapter 1

大阿爾卡納

我的大阿爾卡納在最初學的時候，占星的比重很強，但跟占星有同有異，像隱者對應處女座，但我覺得也有部分像更進一層的土象星座摩羯座，就是不喜歡顯露的部分。大家都應該知道，處女座意見很多，但隱者跟處女座相似的地方就是會一直累積自己的實力，而且一直覺得自己做的是本能。還有雖然女教皇對應月亮，在占星中月亮代表母性，金星代表社會女性，但塔羅牌中，對應金星的女皇，反而是媽媽的代表，因為女皇代表社會賦予女性的價值，但原始的母性是女教皇，代表一切的起源跟母性智慧，大家記得釐清自己對塔羅跟占星的異同，才不會連結錯誤。

0 愚者

這張牌代表人的胚胎，有思考能力，但很放飛自我，他的思考都是出於一種天真的想法。在思想方面，沒有受過社會的薰陶，所以就像小孩一樣，常常突發奇想。好處是看這個世界可以完全不帶偏見，因為他的思想裡，本來就沒有什麼是應該跟不應該，每個人都有他生存的方式，都有自己的面貌，愚人不去評論好或壞，他可以接受世間事物都有自己原來的面貌。只要不害人，想做什麼樣的人，都是他的自由，甚至有害到人，愚人也可以接受是命運或意外，因為有沒有害到人，是不是錯誤，要看你出發點跟角度，有人覺得是錯，但對某些人來說是對的，甚至有可能是命中注定。因為愚人是風元素，而且對應稀奇古怪的天王星，所以在愚人的標準裡，對跟錯的標準，都不見得跟其他人一樣，因為愚人的思想很純粹，而且他不會給任何人事物貼標籤，因為愚人本身就不適合任何標籤，所以社會看愚人，都有摸不著頭緒的狀況，因為愚人的價值觀並不是社會通用的價值觀。愚人就像沒有固定型態的風元素，可塑性很大，因為對應天王星，常常會有出乎大家意料的時候，但愚人不是故意的，他甚至沒有想到你不能接受他的言行，因為如果愚人要考慮別人的想法，就會綁手綁腳，我們不知道怎麼做到不在乎別人，就跟愚人不知道怎麼在乎別人一樣。

感情方面，愚人的談戀愛方式跟眼光，都不是世俗可以接受的樣子，但愚人也不在乎別人怎麼看他，他覺得自己高興跟可以接受就好，所以如果對象不被大家接受，愚人是最可以保持平常心的人，因為他覺得你怎麼看，都不干我的事，大家各過各的日子，我自己喜歡就好，畢竟沒有誰可以代表別人活出自己的生命。大家都覺得不好的人，愚人會覺得他有我欣賞跟想要的地方，所以我覺得他很好，但也因為這樣的個性，容易被嘲笑，但還好愚人不會在乎你的嘲笑。

事業方面，愚人適合嘗試新事物，或是挑戰別人不敢嘗試的項目，因為對愚人來說，他對物質面的東西都不會太執著，他覺得體驗跟新眼光，才是他人生想追求的事物，愚人不害怕失敗，他只害怕生命停在這裡，沒有新的體驗。我小時候看過一個故事，有個貧窮的老公公，某天出外撿柴發現一塊金子，他很高興就把金子搬回家，走到一半變成銀子，他還是很高興，因為銀子對他來說也是一筆財富，搬到後來變成石頭，他還是很高興，因為石頭可以壓醬菜，當他搬進家門，石頭變成天馬飛走了，老公公還是越想越高興，因為他覺得自己這麼老了，還能看到神蹟，所以想著想著就哈哈大笑起來。愚人老了以後，應該也是這個老公公的樣子，不會執著自己失去什麼，只看到自己經歷了什麼。

【在各位置的牌義解析】

現況位：愚人在現況位，代表現在處在一種沒辦法控制周邊事物的情境，所以最好的方式就是讓子彈飛，看看這是什麼狀況，再找適合的對應方式，或者就完全不介入，當成看一齣戲就好，其實出現愚人牌，也不適合你去介入處理，就看著會發生什麼，適時的鼓勵或剎車就好（但其實愚人不太知道怎麼剎車）。

問題位：在問題位就是你的做法太不社會化，不在任何人的認知之內，所以如果遇到困難，大多數時候，別人就算想幫忙，也不知道怎麼幫，因為你的價值觀跟大家都不一樣，大家也不知道你想要的結果是什麼，所以擔心如果貿然幫忙，反而會弄巧成拙。

建議位：愚人在建議位，就是叫你不要用老方法，要出奇制勝，可能要想一些別人不會去思考的角度，或者問一下本來就會常常跟別人唱反調的人，看看他的角度是什麼，比較容易想出不那麼理所當然的作法，有時候替大家嘗試一下新的可能性，也許會走出新的路。

1 魔術師

魔術師跟愚者不一樣，雖然一樣是風元素，但魔術師接受過社會的洗禮，很了解人情世故，而且對應水星（雙子座守護星）的魔術師非常聰明，除了知道怎麼配合社會，也知道如何灌輸別人自己的想法，而且很高明的會讓他人以為是自己想到的。但魔術師沒什麼壞心眼，純粹因為不喜歡麻煩，所以能快點解決就快點解決，老是喜歡走捷徑，因為已經知道怎麼做比較快，就不願意再一步一步老實做事，在負面的狀況，就有可能把錯推到別人身上，或者擺脫自己的責任。

這都是因為聰明的人，不太喜歡慢慢來，喜歡在最短的時間之內，達到最快的效果。有一句老生常談對魔術師很實用：聰明人要用笨方法。因為你已經很聰明了，所以用快速的方法，會失去在過程中可以學到的東西，變成只是以目的為主，如果哪一天失去了，也不知道為什麼。笨人才要用聰明的方法，因為如果腦筋不好，會花很多時間在摸索，這時就要速戰速決，因為他在摸索的過程中，已經有很多體悟，不需要再花額外的時間去訓練自己。

龜兔賽跑中的兔子，就是魔術師的原型，因為做到什麼事都很容易，所以也很捨得割棄，所以給人什麼都不在乎的感覺，其實也是真的，因為對魔術師來說，捨與得他都輕易做得到。跟其他認真的人對比，難免會覺得魔術師比較薄情，但我覺得魔術師本來生活就是多采多姿，所以不管人或事，他都可以輕易放手，因為隨時可以找到替代品。

感情方面，魔術師認識人或與人拉近距離，都是很輕易的事，所以對他來說，感情不是辛辛苦苦才能獲得的東西，所以面對感情，他不會像旁人一樣萬分珍惜，也不是說他不重視感情，是對他來說，感情是輕易可以獲得的東西，他也不是不在乎，就是沒有太執著。但如果談戀愛卻被人很輕易放下，難免覺得魔術師沒有太認真，所以他會有薄情的形象，風元素本來就不是什麼感性元素，風元素很理性，但如果要理性，就很難投入戀愛之中，因為不太會為了感情瘋狂，但對他來說，麻煩的是在戀愛中越不投入的人越會被苦苦糾纏。魔術師的人格特質，讓他變成不太容易讓人忘記的人。

事業方面，魔術師只有剛出社會，要累積資歷時，才比較會去當上班族，魔術師當上班族也可以當得很好，但聰明的人通常沒有耐性，魔術師又學得快，短時間內，就可以當上別人的教練或顧問。他可以在很短的時間內平步青雲，所以有可能對反應不是那麼快的人沒什麼耐心，但他在別人口中評價不錯，因為不會表現自己的不耐，而且他不管喜不喜歡一個人，都希望自己是好相處的人。

【在各位置的牌義解析】

現況位：魔術師在狀況位，就是身邊的人事物都在以高速、高水準進行，你會覺得很過癮，但偶爾也會覺得力不從心，但在你想慢慢來的時候，這張魔術師不會等你，他一樣高速往前進，建議你如果想慢一點，就暫時退出，等有心力再加入。這張牌在狀況位，好處是人都好相處，但他們的做事速度，別人通常跟不太上。

問題位：魔術師在問題位，會太賣弄聰明，不容易體諒別人，但他又保持禮貌，所以你也不能跟他翻臉，不然就會讓旁人覺得，問題在你身上，就是有可能吃悶虧卻無處可訴。或者就像在大家眼中，他都是好人，所以你們之間一旦出現問題，大家會直覺認為一定是你的問題。

建議位：這張牌代表你一定要找捷徑走，才能跟上風頭，因為只要你慢一點點，整個狀況會變得讓你認不出來，所以不能鬆懈，腦力都要長期維持在最佳狀態，這樣才有辦法應付隨之而來的事，但體力可以放鬆一點，因為魔術師大多是動腦的成分，你想出辦法，行動上讓別人幫忙。

2 女教皇

第二張的女教皇，是一張全然陰性的牌，女教皇是母性，又對應月亮，占星學上月亮是母親，但塔羅牌中，母親的角色卻是由女皇擔任，因為女皇是世俗化的角色，凡是社會對女性的認同，都會由女皇來代表。女教皇是月亮，但不是母親而是母性，包容和愛護一切，而且女教皇不會大聲說出來，通常會在心中默默支持。為什麼有這樣的分別，因為女皇代表的是社會責任，一個母親，除了母性，還有身為一個女人的必要，因為社會女性要面對的事太多了，女皇不是只有當一個母親就可以了事，在社會裡，對女性的要求很高，女皇是風跟土元素，女皇通情達理，知悉世間的人情世故，但女教皇只是母性，又是水元素，所以女教皇的母性純粹出於本能，不過女教皇沒有女皇那麼會教育孩子，女教皇只是純粹的付出。其實我覺得女皇比女教皇更適合當母親，女教皇太忍讓了，又默默吞下一切。雖然女教皇知識淵博，但女教皇比較適合獨自努力，不太適合教育孩子，因為女教皇的情緒太容易牽動（雖然表面上看不出來），會加深一個母親的內耗程度。

如果說女教皇是對應月亮，我覺得比較像月亮在金牛座，因為月亮極度沒有安全感，很情緒化，月亮要不情緒化，只有一個可能，就是在金牛座，因為金牛座是土象固定宮，非常的富足跟穩定，幾乎可以消滅月亮的缺乏安全感，而且是非常有安全感，才能展露月亮的本性，無怨無悔的付出，如果本身沒有安全感，只會一味的索取，也是會付出，但會一直計算自己的付出，就跟大多數的媽媽一樣，月亮守護巨蟹座，巨蟹座是有名的情勒高手。

感情方面，女教皇是盡在不言中那型，他會默默付出，默默支持，但從來不講出來，但是內心的愛意已經幾乎把他淹沒，但女教皇畢竟是月亮，因為怕受傷害，所以不喜歡表現自己的任何情緒，女教皇用粗俗一點的話形容，就是「三拳打不出一個悶屁」，他傾向認為自己知道就好了，但談戀愛是兩個人的事，只有你自己知道，對方不知道，那就沒得玩啦！所以如果你喜歡女教皇，那就有得苦惱了，因為你完全不知道他對你的感情是什麼樣的，他喜歡感情的事自己知道就好了，但如果要談戀愛，就得要講出來！

事業方面，女教皇是非常高級的專才，可能是律師、醫師、會計師，也很有可能是教授或作家，凡是一個人獨自作業，需要很專心、很專業的工作，都有可能是女教皇，女教皇也可以當創作者，因為他內心靈感很多，但又不喜歡用語言講出來，只好用作品來述說了，但不管是作品，還是工作成果，你都可以看到他付出的努力，只是女教皇不太常用言語表達。

【在各位置的牌義解析】

現況位：這個狀況是大家都知道，而且是很重要的事，但只有你不知道，而且大家是好意，怕你不知道怎麼應付才不告訴你。但你其實比別人想像中更有韌性，只是外表看起來不知世事，因為你在無菌室待太久，只忙自己的事，對跟你無關的事都沒有興趣，所以容易讓人以為你不知道怎麼在社會上生存。

問題位：你什麼都知道但不講，自己悶著頭做，所以人家以為你是無害的小孩，雖然聰明，但別人以為你很多事情沒辦法搞定。其實如果是複雜的事，你的分析能力比其他人好，反而是超出一般人的了解時，問你會得到很好的建議，因為你簡單的事不行，反而有難度的事可以。

建議位：如果遇到很困難的事，你反而應該問一下平常很少說話的人，因為他不講話，卻把一切看在眼裡，其實很清楚盲點在哪裡。或者相反，建議你不要講太多話，因為言多必失，而且大多數時候，你已經衡量過了，雖然知道很多，但對問題於事無補，反而增加混亂度，所以在建議位抽到女教皇的時候，通常「沉默是金」，不關你的事，就不要給意見，不然有可能惹禍上身。

3 女皇

女皇跟女教皇，同中有異，異中有同，兩張牌都一樣是女性的代表，但女教皇比較是女性本質，但女皇就是世俗的女人了。女皇牌對應占星中的金星，也就是維納斯，所以女皇的靈性比較沒那麼高，但女皇對應風跟土，所以女教皇是智商高，但女皇是情商高，女皇熟悉人跟人之間相處的方式，金星雖然很多人說是愛情，但社會上的愛情，比較沒那麼純粹，通常說是愛情，其實只是擇偶標準，女皇代表美麗、氣質，還有很重要的教養跟禮貌，都是社會上評價一個女性的必要條件。大家都知道維納斯，雖然美麗但有點膚淺，女皇，也就是金星的缺點，就是太注重表面，沒有深入的認知，但如果是工作上的主管呢？大家會以為是聰明的女教皇，但實際上是長袖善舞的女皇。女教皇工作能力很強，但不知道怎麼拿捏跟人相處的方寸，只會埋頭做自己的事，感覺不到別人的存在，這就是很大的硬傷了，女皇懂人性，雖然工作能力沒有那麼強，但知道該把什麼人放在什麼位置，知道怎麼拿捏自己的態度跟言詞，就是個很識相、很圓滑的人，不分男女。但如果是男性，這個男人一定非常紳士，也很有品味，外型也不錯，還很知道什麼時候該說什麼話，金星不見得很強，但一定很受歡迎，也很願意調整自己配合別人，所以是很好的社會人士，善於與人相處，也很會協調，是人與人之間的潤滑劑，很好相處，就是沒什麼靈魂，但要在社會上有成就，其實靈魂慢慢培養就可以了。

不管男或女，女皇牌都是懂分寸知進退的人，人緣跟美感都很好，但女皇的美感不是什麼藝術性的，是平面設計那種美感，知道大家要什麼，可以做出八成的人都可以接受的作品，也很懂流行，而且很會配合大家，不會太主張自己的獨特性，如果要說受歡迎，女皇就是那種百分之八十的異性都會覺得過關的人，就像女生長頭髮，男生個子高、風趣一樣。

感情方面，女皇牌異性緣非常好，同性緣還不錯，基本上大家都不太會討厭他，但女皇牌如果搭上其他不好的牌，就有可能變成綠茶，但變成綠茶也是要有本錢的，要大家都吃你這一套。一個吃香的綠茶是很了解人性的，知道男人要什麼，言行也都符合別人會有好感的方向，所以我覺得是一個男性都可以接受的女性，也會是一個大部分女性都會想要認識的男生。

事業方面，女皇通常不是專才，女皇比較傾向通才，什麼都會一點，所以我前面說過，女皇反而適合當主管，因為每一個部門都要稍微了解，但又不能太投入，免得失去客觀性。女皇又了解人性，知道怎麼跟大家相處，通常就算不覺得女皇很優秀，還是會賣他面子。尤其做人際協調或美感之類的工作，都會有很好的表現。

【在各位置的牌義解析】

現況位：如果狀況出現女皇，那就表示目前非常適合你做想做的事，因為女皇牌雖然不是超越，但可以找到自己適合的方向，而且很有彈性，可以配合所有場景，變成自己該有的樣子，簡單說來，就是配合度很高，這樣的人適合所有場合，當然更容易在自己的道路上很吃香。

問題位：女皇沒什麼大缺點，最大的缺點就是膚淺，但現在社會大部分人都興趣不同，在你眼裡膚淺，說不定別人覺得他很有內涵，所以對女皇的反感，大部分可以歸咎到人與人之間的緣分，也不算什麼嚴重的缺點。但如果中年後想更進一步，就不太容易找到自己的重心，因為女皇的缺點是太在乎自己的形象，所以表面上做的很好，但實際上不太知道自己要什麼。

建議位：女皇牌在建議位，就代表你要可以了解人性，觀察別人，知道他在想什麼，就可以做出別人更能接受的提議。或者講話很圓滑，去配合別人的想法，可以事半功倍，雖然有點沒志氣，但完成任務比較重要。女皇牌魅力無限，善用自己的說話跟外表，很多事情就會變簡單了。

4 皇帝

皇帝是陽性的象徵，因為對應牡羊座，牡羊座是火象基本宮，等於是火中之火，但他是4號牌，代表帶有固執跟傳統的特點，這樣的人一定自我主義很強，不管他是男是女，如果是男的，就是大男人主義，如果是女的，就是任性跟驕縱，而且不管是男是女，都會以為世界是繞著他轉的。

但他也有優點，就是很有擔當，很多事情沒人可以負責的時候，通常他會扛起來，而且很多時候，就算沒他的事，他也會想辦法擺平一切，但他不是為了大家，是因為自己的面子不能丟，但也是這樣的傲氣，讓他坦了很多事。僵固的脾氣是別人願意跟他交朋友的原因之一，因為他缺點再怎麼多，始終有一個堅持，就是「不能讓人看不起」，這成為他值得尊重的原因。他雖然脾氣不好，很多時候只想到自己，但他的人格畢竟不壞，也有他的優點，每個人只要不是罪大惡極，一定有他值得來往的地方，畢竟自我主義的人，大多活得好好的，有些時候，甚至還有很多追隨者。皇帝有皇帝的領袖魅力，他雖然不適合相處，但適合帶領大家前進，發現新世界，而且他自己做示範，告訴大家怎麼在新世界活下去。皇帝是一個前鋒，如果是牡羊座，只是前鋒而已，但因為他是皇帝，除了帶大家進入新世界，還知道要怎麼在新世界幫大家安頓下來。其實皇帝沒有幫助別人的想法，只是看到問題，就本能性的要去解決，因為皇帝跟牡羊座一樣，都是依直覺行動，一個問題在面前，他的直覺是去解決，這也是為什麼脾氣這麼差，他還能在大家的輿論下活下來，而且活得還不錯，就是皇帝有發揮他的用處。

感情方面，皇帝是很一見鍾情的，但之後還是會衡量這個人適不適合他，其實皇帝沒什麼耐性，如果發現不適合，或跟他想像中不一樣，也是放棄得很快。但他唯一的優點，就是如果沒有其他牌的影響，他不會腳踏兩條船，因為他是個專注的人，一次只能專心做一件事。如果要說他渣，他也只是放棄得太快而已，會讓人覺得他是因為到手了而放棄。其實要取悅他，說起來困難也簡單，要讓他一見鍾情很容易，但在相處的過程中，發現哪裡不符合他的需求了，因為4這個數字跟火元素都是利己主義，他會很快放棄，並且一絲愧疚感都沒有。

事業方面，他自己一個人就可以搞定所有的事，頂多需要一兩個助手，所以一人公司的狀況很多。因為皇帝只會統治別人，不擅長跟人相處，所以他沒到當大老闆，讓很多人都聽命行事之前，還是適合自己做事，才不會鬧得大家不愉快，工作也不會有很多阻礙。但也是這樣的特質，讓他適合當前線開創者，因為面對新市場，公司畢竟不能投入太多資源，皇帝這種一個人搞定所有的人格，適合投入最少

的資本去測試。

【在各位置的牌義解析】

現況位：這是獨當一面的狀況，用很少的資源跟人力，就可以達成很多的目標，所以好處是節省資源，壞處是以後要擴大，格局會發展不起來，因為一到三個人可以搞定的地方，不代表規模不需要變大，如果規模變大了，這前三個人可能變成領導者，也有可能不適應而自行發展。

問題位：皇帝牌的問題很簡單，就是太自我中心了，只要不是發生在他身上的事，他都沒有辦法去想像跟代入，是個設身處地著想的能力很差的人。而且他對自己的認知都很固執，所以當領導人的時候很好，因為大家都可以理解，但如果當同輩，就容易被覺得是自私的人。

建議位：皇帝出現在建議位，就是要你堅守自己的立場，不要輕易被別人牽著鼻子走，不管有多懷疑自己的決定，至少在現階段有用處，如果你要退讓，也是以退為進去達成自己的目的，這張牌可以改變自己的做法，但不要改變自己的目標。

5 教皇

教皇是很傳統的高位者，但古代的統治者在還是蠻荒的時候，任務是幫人民生活下去，所以古代的君王，往往是傳說天上下凡的神仙，像中國的倉頡造字、燧人氏鑽木取火、大禹治水，這些人都是古代部落的帶領者，幫人民解決問題。埃及的第一代法老王歐西里斯，也是河神跟農業之神，因為每年尼羅河氾濫之後，他要測量可以種植的土地有多少、該怎麼分配。所以古代對神明的崇拜不是沒來由的，因為古代的神明是跟人生活在一起，真真實實的幫助他們的生活，不完全是心理上的信仰，所以這就是教皇對應金牛座的關係，古代的生活提供者會變成大家景仰的對象。

因為教皇跟人民的生活很密切，所以對應教皇的金牛座，除了食物之外，還代表大眾美感，跟文明、文化都有深切的對應，因為教皇是把更高的東西，教給什麼都不知道的大眾，所以文化是由教皇帶動，這一點大家應該可以想像。要先把生活搞定了，再來想心靈的事，所以教皇也是心靈導師，但跟我們說的身心靈不一樣，沒那麼無形，教皇的心靈比較像撫慰人心，讓人有正面的思考，就跟我前面講的一樣，比較文化，到了現代，也是流行文化，但是金牛座象徵的是經典，經典就是長期的文化，久了就變成我們的文明。教皇對應的金牛座，跟人的飽足有很大的關係，教皇因此可以幫助大家，而且是入世的。

教皇代表的是生活中的宗教團體跟宗教組織，重點是團體跟組織，那也是人類活下去的文化之一，如果是女教皇，就代表自己潛心修行，不需要符合宗教團體的規定，佛教、基督教，比較像教皇，瑜珈跟冥想，比較像女教皇（這只是簡單帶過，還是要看每個人的出發點）。

感情方面，教皇牌很實際，會考慮兩個人的個性是否合拍，還有兩個人的工作跟時間能否互相配合，對於生孩子兩人有沒有共識，教皇很重視外型，但教皇重視的，也不是漂亮或帥的太搶眼，重點是要耐看，看久了不會不順眼，這樣就好了，這種人就算年輕時不搶眼，但老了以後，通常還是很有氣質。

也有可能是相親結婚，但是因為兩方家長已經評估過，兩方的結合是有利的，在教皇來說，他也很樂意考慮這種對象，因為自己不需要思考太多，只要看兩個人合不合得來就好。

事業方面，教皇通常是CEO或主管，但通常都是被請的，比較少是自己創業的，因為他只有在有秩序的公司裡，才能發揮管理能力。那些剛創業的或是很草莽的，比較需要皇帝牌，因為皇帝牌可以讓大家都服他，要用盡全力，教皇牌是循循

善誘，讓大家發現配合他的方式會更好做事。

【在各位置的牌義解析】

現況位：教皇牌的狀況，是所有事情都在軌道上順順的運行，每一件事都恰如其分，每個人知道自己要做什麼，而且有做到的實力，每個人都很有責任感（皇帝是每個人都有使命感）。一旦做到了，就可以長久保持下去，就算這個職位換人了，還有模式可以延續下去。

問題位：這張牌的問題就是太死守原有模式，不太知道怎麼開創新局，沒有適應環境的能力，除非有人教他新的模式，但也只是讓他死守新模式而已。教皇不是不開啟新模式，只是他要考慮的事情太多了，等他思考完，新模式也不適用了，所以教皇的問題是沒有辦法跟上社會脈動。

建議位：如果這張教皇牌是建議，可以去找有相關經驗的人，問問他遇到這種事，會怎麼處理？或者直接問相關人等。教皇不會跟日劇裡的主管一樣要你自己猜，教皇討厭浪費時間（雖然他自己浪費了不少），他會直截了當的跟你說，他希望你做什麼。

6 戀人

我非常喜歡戀人牌，因為給我一種愉悅的感覺，大家看到「戀人」會很本能地想到天生一對，但戀人牌其實對應雙子座，是風元素，給人一種選擇還有很多的感覺。很多人會覺得這張牌一定是天長地久，如果是的話，為什麼不直接叫「婚姻」呢？既然還是戀人，那表示是「目前」最喜歡、最合拍，但還不到生死相許的地步，因為戀人牌雖然相愛，但也還有選擇的餘地，兩人都還在感受對方的好處，都還在磨合中。戀人牌最好的地方是，不管愛不愛，至少都是互相欣賞的，所以就算要分手，兩人還是可以承認對方的好，跟帶給自己的成長。戀人的盡頭是結婚，既然風元素有空間，兩人結婚也可以，變成生死之交也可以，變成合作夥伴也可以，不管是什麼身分，都是對方的另一半，有著無可比擬的默契，就算是分手，也還是欣賞跟看重對方的，彼此的重要性不會因為身分而改變。

如果出現戀人，不管在什麼狀況下，都代表好奇與友善，談戀愛也非常尊重對方的獨立性。像我就是雙子座，我也一向很欣賞雙子座的男生，但不知道為什麼，年輕時遇過好幾個對彼此都有好感的雙子座男生，也嘗試交往，但到最後都變成只是朋友。反而我交往最多的星座是天蠍座，我自己一直百思不得其解，後來年紀大了回想起來，才想到愛情一個很重要的元素是佔有欲，兩個人都是雙子座，都很熱愛自由，互相說我不能跟你出門，因為我要去做什麼，雙方都可以理解，也不會糾纏對方，各做各的事，久而久之就變成朋友了。反而是天蠍座，一開始覺得很煩，但天蠍座就是怎樣都趕不跑，久了就留下來了，這也很像戀人的本質，陰跟陽，男與女，不同的兩極，才能摒出火花，越是不同的個體，越能互相吸引。

感情方面，戀人牌一定是帶有兩性之間的好感，只是因為是風元素，往哪個方向發展是不一定的，但不管往哪個方向發展，都是友善的，都可以互相支持。不管有沒有往愛情發展，但第一眼看到的好感是確定的，所以不管是什麼關係，都可以相處下去。雖然我說不見得能發展到結婚，但如果結婚了，戀人牌也是很好的，因為沒有喪失對彼此的興趣，反而兩個人永遠在改變，一直有重新可以認識對方的地方，是最相愛的人，也是最好的朋友。

事業方面，戀人牌一直被我定位在不會死守一種模式跟工作，我有個客戶問財運抽到戀人牌，我問他工作性質是不是很自由，一向case by case？合作對象跟收入都不固定？他說對，他是平面設計師，每次的工作都是跟不同人合作，金額有大有小，每個月進帳多少都是不一定的。又因為戀人牌是風元素，收入不高的時候也餓不死人，賺得多的時候可以盡情享受，基本的財運都不是太差，而且不會喪失自由，我

覺得錢太多也沒用，又帶不走，不如像戀人牌，賺的錢剛好夠用，才不會浪費。

【在各位置的牌義解析】

現況位：戀人牌一旦出現，就代表有方向了，但還沒有完全鎖死的狀態，凡事都有轉圜的餘地。這是年輕人最喜歡的狀態，方向有了，不會漫無目的，但沒有完全成功，就還有自己創作的空間，進可攻退可守，是一個非常自由的情境。

問題位：戀人牌的問題，在上面的文章中已經悄然可見，就是沒有穩定的保證，就算不會太差，但也說不上成功，有些人會覺得庸庸碌碌。其實我覺得在這種高壓社會，可以生存就算一種成功，而且太成功也等於一種壓力，戀人牌不太喜歡壓力，所以不會把自己搞到這種情況，戀人牌喜歡輕輕鬆鬆，在自己可以掌握的範圍內布下全局，所以不要聽他哀哀叫，那只是無病呻吟而已。

建議位：戀人牌在建議位代表，凡事輕鬆看待。不要去擔心太大的範圍，也不用去預設立場，見招拆招就好，風元素的聰明才智，就是在這時候派上用場的，如果想太多，比較會掉進陷阱，因為別人想的路數都跟你差不多，不要走常規路線，反而比較可以開創出新局面。

7 戰車

戰車是我看塔羅書中最常出現矛盾的一張牌，因為金色黎明會分配戰車對應巨蟹座，巨蟹座是水象基本宮，水象跟「戰」這個字就是衝突的，水元素本身就是想多，腦袋很糾結，所以絕對不會貿然出手，這跟大家心裡的戰車特質就不一樣。一般書上的戰車，跟我定義的皇帝牌還比較像，皇帝是火元素，跟戰鬥還比較沾得上關係，但神祕學社團這樣分配，一定有他的道理在。我想了半天，要把戰鬥跟感情搭上關係，又是巨蟹座，一定是跟親疏有關了，因為巨蟹座最愛「自己人」，但對其他人很排外！如果他要戰鬥，一定不是要進攻其他人，而是為了保護自己人跟家園，基本宮是萌發跟初生的意思，所以為了有成長的空間，可能也會入侵別人的地盤，基本上我個人（只是我個人的用法，沒有要大家跟著用），覺得基本宮本質跟火元素很接近，所以在我的定義裡，「戰車」跟水元素的感情，跟保衛自己人的基本宮對應到是很正常的。

所以我的戰車牌跟巨蟹座一樣，不輕易開啟戰端，但如果是為了保護自己愛的家園跟人，拚死也要抵抗。水元素不喜歡戰爭，除非是自己身邊的人受到威脅，才會勉強出手，但因為是基本宮，所以戰力也不弱。尤其是延長戰，戰車牌最會心理戰了，所以戰爭越拉長，對戰車越有利，因為戰車不是靠砲火贏的，而是靠對手的疲累與心虛。

感情方面，戰車就是暗戀得死去活來，卻遲遲不敢出手，或者是長期默默地守護在旁邊，但很多人會覺得這樣很貼心，或是感動他守護這麼久，殊不知他只是膽子小而已，但他真的很長情，喜歡到老都有可能，而且默默覺得這樣受苦，也是戀愛的滋味，他還會慢慢品嘗。你說戰車沒攻勢嘛！他的默默守護就是攻勢的一種，尤其過盡千帆皆不是之後，驀然回首，那人就在燈火闌珊處，往往這樣就落到他手裡，所以這傢伙還是滿有戀愛運的。而且跟戰車戀愛時，往往都是戀愛很久，已經想定下來了，所以戰車是最後的歸宿，所以要說他們戀愛運不好嗎？往往可以修成正果，長久下來，他就被訓練成這個對象的完美情人，不找他，也沒有更好的選擇了，所以真的是戲臺下站久了就是你的。

事業方面，戰車牌很會布局，他會悄悄撒網，最後靜靜收網，因為他很會觀察，也會投其所好，等於是布下天羅地網，就等獵物自己走進陷阱。講得好像心機很重，但其實以他的個性來看，也只有這個辦法，因為戰車不是打草驚蛇的人，蛇如果躁動，他比誰都害怕，他也只能來陰的，但這其實是最好的戰術，因為不要一下就開戰，要溫水煮青蛙，等到獵物意識過來，他已經沒有路可退了，很像定存，

是最笨的方法，也是最安全的做法。

【在各位置的牌義解析】

現況位：戰車牌在狀況位，往往是卡在瓶頸，進不得也退不得，就很像戀愛到某個時期，會有一種結婚也不是，分手也不是的階段，而且會非常糾結。戰車最常遇到的，就是這種進退兩難的局面，因為戰車不是果斷的人，而是一個非常容易陷入考慮中的人，任何事都要猶豫很久。

問題位：戰車在問題位就是沒有辦法一刀兩斷，他做任何事都要一直評估，思考很久，就算壞處已經慢慢顯露，他還是會念舊，還是會有僥倖的心態，覺得自己這樣不做決定，事情會不會自然解決？當然人生沒有那麼好過，你越不想面對，命運越要逼著你上場，你越猶豫，事情就會變得越糟，一直在逼你果斷一點。

建議位：這張牌在建議位，就是要你隨時準備好，但不要貿然出手，慢慢地以靜制動，或者打蛇打七寸，要等到最好的時機，用最少的力氣，得到最大的成果，或者先躲起來，但不要放棄，繼續觀察，等到最適合的時間，再出來收割，雖然這樣有點窩囊，但總比失敗好。

8 力量

力量是七十八張牌中我最喜歡的兩張牌之一，另一張是權杖4，這兩張同樣都有火跟土的特質。權杖4的4，有土元素的特質，8是兩個4，也類似土元素，火元素很有力量，而且很生猛，但如果想要延續下去，一定要搭配土元素，才能長治久安，因為火元素容易熄滅，能量也不是很穩定，如果要撐到事情完成，就要有長遠的元素搭配。以我來說，我最重視財運，財運不只要賺進來，還要存得下來才有用，火元素是賺錢，土元素就是存錢了。如果還不懂，看看土元素的星座就可以理解了，土元素是金牛座、處女座跟摩羯座，金牛座愛錢愛到幾乎是他的第一生命，第二生命也是錢，處女座熱愛理財，摩羯座是金牛跟處女加起來。火元素是牡羊座、獅子座跟射手座，大家應該都知道牡羊的愛錢跟瘋狂賺錢的傾向，獅子座也很有賺錢的能力，射手座比較出名的，應該是花錢的能力，因為射手座喜歡不切實際的事，不切實際的事最花錢了，但賺錢也很輕鬆，只是射手座喜歡把生命浪費在花錢的事上，因為射手座生下來就是為了體驗人生，金錢不是射手座的目的。

力量牌最出名的特質就是以柔克剛，看牌面是一個看起來很端莊的女性，馴服了一頭獅子，就可以知道他的力量是安穩而堅定的。這張牌對應獅子座，獅子座是火元素的固定宮，所以這個火元素，不是燃燒的火元素，而是像瓦斯一樣的燃料，可以長久保存，需要的時候再點燃，所以獅子座的賺錢，也知道怎麼保存下來，只是會為了面子，花一些不必要的錢，說是「不必要」也不對，有些時候就是應該花一些額外的錢，讓大家都能開開心心，這種錢也會為他打下人際關係的江山，讓他成為一個「領導人」的身分，大家也願意為他賣命。

感情方面，力量牌很值得信任，因為他一旦愛上，就會定下來，可能不是永遠，但也有很長的一段時間，因為力量牌的土性（8）特質，讓他也不喜歡變動，停下來就覺得要定下來了。還好力量牌就算定下來，火還是會燃燒，有繼續增長的機會，所以感情會一直維持一個熱度，就算熱度沒有了，他也懶得換伴侶，所以在感情的型態，應該算是很穩定。

事業方面，力量牌有著安定下來，又慢慢拓展的跡象，所以一旦他進了某個行業，就會很投入，想要有一番成就，為了這個結果，他什麼都願意付出，因為不想要讓別人小看自己。但是因為力量牌太願意付出了，所以常常變成好好先生，跟他想要的霸氣不一樣，但好好先生很被大家愛戴，又因為個性格局大，不會跟人計較小事，所以也有領袖魅力，慢慢的，眾人都會公認他的影響力，還是能當上他夢寐以求的老大哥或老大姐，大家都很願意跟隨他們。

【在各位置的牌義解析】

現況位：力量牌很受大家歡迎，因為他也願意付出，所以不會只坐在那邊不動，形成一種上下互相協助的景象，所以有力量牌的地方，大家都會同心協力，而且這樣的情況會一直持續，所以力量牌的成就不是很快，但會慢慢地越來越有力，一直到最後，你會發現在沒注意的這段時間裡，他已經是一號人物了。

問題位：這張牌格局很大，心地也很善良，更是喜歡幫助他人，所以最大的問題就是喜歡多管閒事，常常會惹麻煩上身。力量牌又不會丟下別人不管，所以這個麻煩就是長期的，占用他很多時間跟資源，更重要的事情就會沒時間做。但回頭看，這也是一種付出，而且這種付出，常常在不經意的時候有回報，所以不用擔心。

建議位：力量牌在建議位，就多做有益的事，或者是只要有機會，就多幫別人的忙，因為這張牌代表，多積福報到後來都會有收穫的。而且力量牌不計較，所以身邊的人也都不會計較，就變成一個很大的善的循環。這時候，正能量就會充斥在你身邊，運氣也會變好。

9 隱者

隱者通常是世外高人，有自己的思考邏輯，有自己的世界，其實說起來跟女教皇有點像，都是受人尊重的智慧型人物。但女教皇是水元素，比較形而上，隱者是土元素，對應處女座，所以會面對一切世俗的坎坷。隱者的特質比較類似苦行僧，可以克服生命中所有難題，我常常說，女教皇是天生如此，一直到死都還在自己的世界，但隱者是閉關中，一旦時間到了，他就會出關來挑戰世界，實踐理想。其實這一點，我又覺得像摩羯座，你說隱者是世外高人，但他也有勝利的欲望，像要跟大家證明他是對的，這一點又滿入世的，果然是土元素。

隱者是土元素，所以注意的知識也踏實許多，他希望知識是實用的，可以達成現實方面的改善。如果說女教皇是醫生、學者、音樂家，隱者就比較偏向財經專家，還有一些技術上的技工、或工程師，教皇則比較偏向建築師，因為教皇有美感也有秩序，更表面的美感是女皇，比較像平面設計師或化妝師。隱者比女教皇，更有教導別人的傾向，女教皇是你愛看就看，學得成是你撿到，隱者卻會循循善誘，希望你能達到他的要求，變成一個有用的人。隱者的野心要比女教皇大很多，隱者希望這個世界更好更健全，女教皇希望這個世界該怎樣就怎樣，所以女教皇比隱者更能接受世界的不完美，因為女教皇活在他自己的世界裡，跟我們的世界是不一樣的，女教皇不用直接承受我們世界的不完美，女教皇跟隱者比起來，是比較逃避現實一點點。

感情方面，一般來說，隱者不太有談戀愛的體質，因為他很要求完美，我覺得通常是他眼光太高，這很像處女座，我認識的處女座，都是沒有找到最好的對象，就不願意談戀愛，因為他們希望一次就找到對的人。我有個客人，是我見過最美的女生之一，就是處女座，二十九歲才談第一次戀愛，真的是因為太挑，談戀愛後，也無法接受分手吵架，後遺症比其他同年齡女生嚴重很多。我個人無法理解這樣的想法，每個人都有不同的完美之處，經歷不同，每個階段的完美也會有所不同，但他們高興就好，反正每個人的盲點不一樣。

事業方面，隱者的格局不大，雖然非常認真，但太注重細節，有時候反而忘記大方向，別人提醒他他還不高興。隱者的本質很適合當品管，因為可以一眼看到錯

誤，他們眼中容不下一粒沙，如果是需要高精度的工作，他們是不二人選，像外科醫生、城市建築師，或太空梭的製造者：螺絲差百分之一公釐都不行。雖然我說會計師型態上也像女教皇，但在本質方面，隱者當會計師會比較稱職。在隱者年輕時，是願意當助理跟祕書的，而且行程會一絲不苟，老闆就算出包，他也有救場的能力。

【在各位置的牌義解析】

現況位：隱者的狀況，大多都會在控制內，但不好的是，沒有什麼發展的空間，因為他計畫的場域就是這樣。如果場面太龐大，會超出他的想像範圍，但隱者做什麼事都要在計畫中，所以沒有預先想過，可能不知道怎麼應付，他會措手不及，但如果先安排過，他會做得非常完美。隱者不太適合突發狀況。

問題位：隱者的好處是完美，壞處是應變能力稍差，但跟其他土元素牌比起來，他的應變能力還算可以。但他會為了讓事情完全在控制內，做了太多的預期，反而把真正的目的忘掉了，會一直注意細節，忽略大方向，所以他不適合當主事者，比較適合當輔助，因為他注重細節，但常常忘記重點。

建議位：隱者在這個位置，建議凡事要找出源頭，才能發掘最適合的方式。我知道這樣很花時間，但你要幫的人，不太在意浪費時間，他沒有給你太多機會，你可以準備很久，但是要一出場就把事情解決掉，這樣讓他有節省時間的錯覺，因為隱者也很主觀，他自己「覺得」比事實重要。

10命運之輪

抽到命運之輪，很有可以藉著它沖喜的感覺，不論現況是好還是不好，都可以比原來再好一點，但因為一直轉動，狀況也會隨時變化，不會很快穩定下來。好處是一經變化，一定是比原來很好的狀態，壞處是就算你很滿意，還是會變化下去。因為命運之輪是變動的火元素，對應木星，木星是太陽系中最大的行星，比其他七大行星加起來的總和還要大，在占星學中也是第一吉星，所以剛出生就很蓬勃，象徵加速成長，就像人在嬰兒時期長得很快，直到一、兩歲才會慢下來，所以運氣也是加速成長，我的經驗是越變化會變越好，直到下一張牌的狀況出現。理論上命運之輪是好壞交雜，但實務上，出現命運之輪，我們都會莫名的樂觀，所以命運之輪大部分時候都是好牌，除非搭配其他不好的牌，運勢才會往不好的方向走，但很少出現這個狀況，大部分是情況改變得太快，所以下一個運勢接著來。但如果下一張牌不太壞，就可以等命運之輪的交界點，也就是好到不能再好，你覺得運氣快要用盡時，速度才會慢下來，這時不用我們提醒，你自己也會感覺情況有變化了。塔羅牌你算久了，就會有自己的直覺跑出來，我雖然不贊成算牌「只」用直覺，但如果知道了必要的知識，就會累積成專業上的直覺，不是漫無目地空想的那種。

命運之輪的狀態是把自己往更好的地方推進，如果在你狀況不好的時候出現，很可以拯救你於水火，而且是快速的把你從不利的狀態中拉出來，馬上就有換了一個世界的感覺。這時要把握機會，快速扭轉把不利的現況，如果不快一點，等下一個波段到了，機會就走了，命運之輪速度是很快的，降臨得快，離開得也快。

感情方面，命運之輪因為變化快速，象徵桃花很多，但大部分都是過眼雲煙，除非下一張是節制或其他更往上的牌，才有修成正果的可能性。但在年輕的時候，我覺得命運之輪是好牌，因為戀愛經驗多，才不會被不好的對象困住，如果見識不廣，可能你會以為對方就是戀愛的終點，就是全世界，事實上未來還有很多的可能性，命運之輪告訴你，不要太快限制自己的範圍。

如果年紀比較大，就代表你的心還有活力，願意嘗試所有的可能，也可能代表你的擇偶標準跟往常完全不同，有往上跳了一級甚至好幾級的感覺。但也有可能是你的心野了，要從原來的對象身邊離開，追尋更美好的可能，這個我不論斷是好還是壞，改變不一定是壞事。

事業方面，命運之輪代表引爆一個新的天地，你可能會轉行或搬家，有一個新的未來，但通常這個新未來是你召喚來的，不管在別人眼中好不好，但這個改變是你需要的，很有可能是你原來同樣性質的工作，但位階再更高，也就是升官，也有

可能加薪，總之不管什麼樣的改變，都是你需要的。

【在各位置的牌義解析】

現況位：正在往好的方向推進，你自己也感覺到一切都變好，而且會有一種不知道未來心情很好的感覺，這就是運勢開始提升，你會覺得一切都很順利。但這個階段過得很快，因為到了下一步，你如果自己沒有提升，機會就過去了，命運之輪只是一個轉機，你要自己把握住，機會不會一直等你。

問題位：問題不大，運氣通常很好，但「愉快的時光總是特別短暫」，所以最不好的地方，就是過得太愉快了，不知道時光飛逝，等到你回過神，發現時機過去了。我通常建議寫日記（現在寫臉書也可以），如果發現開心的事特別多，就抽牌看看，是不是正在經歷命運之輪，要把握時間。

建議位：要抓住命運之輪最好的方法，就是自我提升，對於自己覺得感興趣的事，可以制定學習計畫，不要讓成長的機會錯過，你本身的狀態越好，成就也會越好，甚至可以帶動周圍的人雞犬升天。命運之輪跟教皇都是貴人，但命運之輪更好，就算看起來是壞事，也有可能帶來好結果。

11正義

正義是一張循規蹈矩的牌，對應天秤座，天秤座美好的地方是金星帶來的，但我的看法是，塔羅牌上的守護星跟四象三態[1]是分開看的，所以金星歸金星，天秤座就只剩下風象跟基本宮，所以正義牌就會有點無趣，我的感受就算有金星，天秤座還是挺無趣（笑），不過這可能是我個人的觀感啦！一般有金星影響的天秤座，都是很受歡迎的，而且就星座的角度，天秤座大多是白馬王子，他們會做大部分紳士體貼的事，也很有正義感，但就是太像故事裡的正派男主角，所以我覺得無趣，我喜歡斯文敗類（誰理你）。天秤座是最佳老公，正義雖然沒有金星，沒那麼吸引人，但只是無趣一點，還是好老公的。但因為沒有金星，可能有點呆板，也太執著了，沒辦法看狀況轉彎，所以容易得罪人，如果是對的事，正義就會毫無懸念堅持

1 指星座的四象（火土風水）三態（基本、固定、變動）。

下去，很適合當執法人員。但一般書上天秤座說很適合的律師，正義就沒那麼適合，因為少了金星，就很難優雅的說話，有可能會老實得很難聽，可能被當成講話有攻擊性，當警察之類的比較適合。

這張牌代表程序正義，凡是被規定的都有其必要性，所以某些角度來說，是一個不知變通的人，但也因此絕對不會貪贓枉法，也不會循私，算是一個很值得信賴的人，也很適合當大官，如果他沒被自己搞死。如果他當公僕，對大眾是有利的，因為正義很知道什麼該做什麼不該做，可以在有限制的情況下，做出最多有益大眾的事。

感情方面，這張牌是風元素，沒有太多愛情的成分，但因為適合制度，所以很適合談婚姻，其實這張牌沒有愛情，所以婚姻反而會更和諧。我個人的理念，是「好朋友最適合當夫妻」，因為願意互相尊重，也能夠理性溝通，少了愛情更能講理，不會因為愛情情緒勒索，風元素很理性，所以「沒有情緒就不會被勒索，沒有道德就不會被綁架」，會有一段很講理的婚姻。雖然這樣講有點奇怪，但愛情是婚姻的大忌，有了愛情，會凡事都很情緒化，會在「如果你愛我，就不會怎樣怎樣」上打轉，沒有辦法做正確的事，婚姻的構成，其實還滿適合相親談條件，「適合」

比「相愛」來的重要。

事業方面，正義很適合當公務員，警察也是公務員，因為他堅持程序，不會做不該做的事，就算是私人公司，也很適合有道德框架的職位，因為正義牌會被既定程序框架住，規定不能做的事，他基本上連想都不會想去做。這是一張最不會違

反規定的牌了，所以第一想到的就是公務員，其他要遵守特定程序的，都很適合正義。他也適合當維修員，負責每天要檢查一定的零件，正義不會因為每天要做一樣的事就怠惰，他還會不做就全身不對勁。

【在各位置的牌義解析】

現況位：一步一步來，就照著需要的程序，也有很明確的規定在眼前，不能僭越也不能搶快，做好自己分內的事就好。這時的麻煩是，如果有需要幫忙的人或事，要不要去幫忙？因為不是自己份內的事，正義除了守規矩，也會很執著做該做的事，如果出現衝突，我相信在天人交戰後，他還是會放下規矩，做自己可以做的事。

問題位：問題位延續上文，正義只會在規矩跟路見不平時猶豫，其他時候，他通常都知道什麼是自己該做的，如果遇到會讓他猶豫的事，通常是要在正義跟循規蹈矩中選一個，循規蹈矩是他每天都在做的事，所以這時他通常都會選擇正義。但要當正義者也會有很多麻煩，例如得罪上位者之類的，所以他的升遷之路也不會很順。

建議位：在建議位，通常在規定之內，找可以用的法條，在政府允許之下，也就是俗稱的找法律漏洞，這樣才能避免惹麻煩上身。通常要為正義出聲，就要做好萬全準備，律師什麼的也要先找好，法條跟規則也要先請教專家，因為專家的理解跟你不同，通常可以找出你沒看懂的細節。

12倒吊人

這張牌就是象徵無助的狀況，事情的發展不在你控制之內，你也沒有掌握的可能，倒吊人就只能任由事情發生，沒辦法改變什麼。前一張正義牌是拚命讓事情在掌握之內，但這張倒吊人就是承認自己沒辦法掌握全局，只能眼睜睜看著事情有自己的進展，這張倒吊人對應海王星，也就是雙魚座的守護星，大家都知道，雙魚座是水元素變動宮，完全是跟著外界變動，沒有自己的聲音，除了北歐神話的奧丁，他為了尋求智慧而挖出自己的眼睛，放入了智慧之井中，從此成了獨眼的智者奧丁。耶穌傳說也是雙魚座，這些人都是以受苦犧牲為代價，得到自己原本沒有的智慧跟眼界，奧丁也是死者之神，可以看到下一張牌就是死神，死神是倒吊人的下一步，倒吊人是力氣用盡，死神就是一切結束了。

倒吊人沒有任何主動的意象，他都是犧牲奉獻、跟人交換智慧，所以在人格上，倒吊人海王星的特質，經常讓人欺負，但被人欺負的同時，會有更多的領略以及體會，所以特別能知道弱者的心情，也特別能體會弱者的立場。耶穌也是跟窮人跟弱者站在一起，奧丁跟耶穌都是扶弱的神明，他們用智慧去開啟弱者的視野，讓他們知道沒有被拋棄。而且「軟弱」也是也是「臣服」的一個象徵，軟弱到底之後，就會打開新的認知，而且倒吊跟我們平常站立的姿勢不同，會有新的角度來看同一件事，就會發現原來沒有看到的東西，藉此有不同的感受。

感情方面，倒吊人是沉浸在愛情裡的人，也是犧牲奉獻的一方，可能還會養對方，養對方的意思是，很多不必要的花費，你也要為對方負責，例如賭債之類。但反過來說，也有可能是亂放電的一方，因為倒吊人不太能意識到自己的行為引來的後果，衍生出的就是不負責任的特點，因為倒吊人很軟弱，也擔不起自己的責任，而且軟弱的人，本來就不能控制別人，也沒有控制自己的力量，就只能隨波逐流。也有可能是正在停滯的階段，都使不上力，就只能任由感情發生或結束。也有可能是有不正當的感情，但沒有力氣阻止，或是感情正在消逝，你也無力挽回。

事業方面，就是正在低潮，不管怎麼做都沒辦法力挽狂瀾，滿像社工的，雖然知道狀況不好，也只能盡量幫助，但不能改變家庭弱勢的本質。如果是公司，除非是要幫助弱勢的慈善公司，那跟弱勢有關的地方，就是公司的性質，不會應到公司發展上。其實想想，跟弱勢有關的公司也挺多的，像是跟環保有關，大自然在社會中，也是弱勢的一環，因為沒有太多資源，只能靠贊助運作，像是綠色和平，或是創世機構之類的，也有可能是藝術類的公司。

【在各位置的牌義解析】

現況位：一切的發展都在苟延殘喘中，你沒有辦法阻止這樣的發展，如果想阻止，就必須投入更多的資源，但也只是增加損失。這張牌就象徵著「無力回天」，最好的方法就是盡早放棄，及時止損，就很像夕陽產業，再怎麼投入跟拉抬，都沒有辦法阻止消失的命運。

問題位：倒吊人的問題很明顯，這張牌本身就是問題，倒吊人象徵很無力，也沒辦法有貢獻，只能暗暗的準備，蓄積力氣，沒辦法有什麼積極的作為。這張牌只有思考不受限制，但水元素的思考能力也不強，只能把一切都往好方向解釋，但這樣也可以帶給自己忍受下去的力量，其實也不錯。

建議位：這張牌的建議是先沉潛，等到思考到位，也可能同時蓄積到好的想法，才適合採取行動，現在就先靜下來吧！或者是等到可以在行動上支持你的人出現。現在不是適合你的時間，你的所有行為就是在掙扎，成功的可能性很低，節省力氣吧！

13死神

死神正如其名，是一張代表消亡的牌，所有的力氣跟活動都在慢慢流逝中，因為未來已經沒有其他可能性，與其等死，不如自己親手結束，還可以自由選擇想要的下一步，因為動手結束，就能掌握全新的開始，從腐爛的春泥裡，開出更美好的花朵。但不管未來再美好，眼前的腐敗，總要快刀斬亂麻，所以依塔羅牌來看，最好的死法是自我了斷，親手結束一個階段，迎接下一個新的階段，這不需要害怕，反而可以抱予希望，因為上一階段沒完成的事，下一個階段有新的可能性。死神的前後兩段生命，有性質上的提升，但本質是相同的，就像樹有落葉，兩年的葉子又同又不同，一樣是葉子，但卻是兩片完全不一樣的葉子，只是這片葉子，有可能比去年更強壯。死神也是另一種充滿期待，每一次的死亡，都代表更多次的重生，可以活出完全不一樣的自己，但這個「我」的本質是一樣的，只是生命的軌跡不一樣。死神的意義是再一次重新開機，用一樣的條件，試出更多的可能性，往好的地方想，是嘗試新的樣貌，因為生命有各種面貌，就像我是同一個人，但因為平行世界，活出千百種樣子，每一次重生，都是帶給自己更多不同面貌，嘗試一樣的生命條件，可以活出不一樣的精神。

但如果在重要時刻，死神可能就是直白的死亡，就像有一天，我的朋友的貓病危，他在計程車上打電話給我，說他的貓在抽搐，我開了牌，就是死神，我當下講不出話，下一秒鐘，他就告訴我貓走了，我只能祝福貓咪，好好去到天堂。雖然難過，但不是現在，就是未來某一天，遲早要經歷的人生功課，我們只能好好鍛練自己的心態，學著更能接受。

感情方面，死神是一張沒有活力的牌，所有的可能性都已經消失，剩下一成不

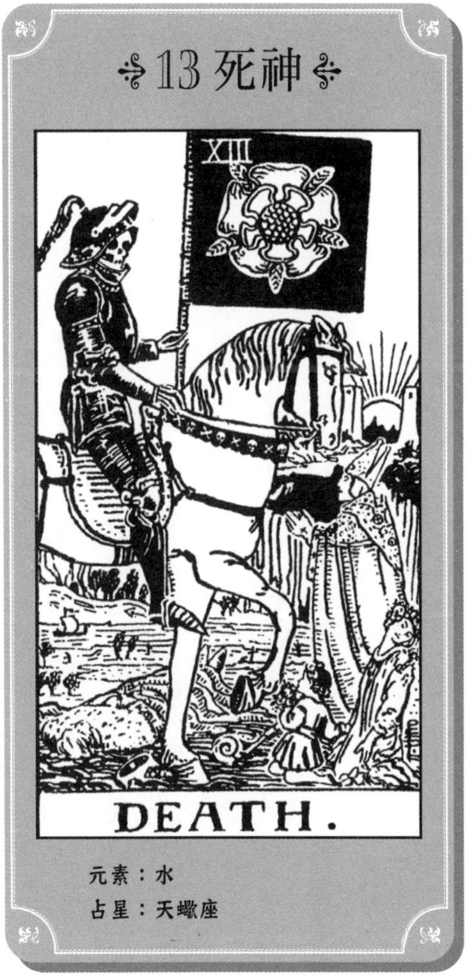

變的日常。兩夫妻講難聽點是消磨到死，講好聽點是長長久久，歲月靜好，所有新的事物已經激不起火花。另一種是有些人還沒老，但已經先進了棺材的意思，生命中已經不會再有新的可能性，發生的只是以前發生過的事情，這也算是一種天長地久吧？如果是小孩子，就算每天發生一樣的事，但會用新鮮的眼光看事情，每一次再看，都像是剛發生一樣，這種新的心態，是我們需要多學習的。

事業方面，就是進入了夕陽產業，還有一點點剩餘價值，還可以做一段時間，但是沒有前景了，未來的可能性也看不到，但不是凍結在這一刻，而是會慢慢腐朽，一直到完全沒有價值。但死去的東西最好的用法，就是當成肥料，養育下一段生命，用另一種方法延續新的生命，也等於讓自己重生。

【在各位置的牌義解析】

現況位：死神就是一切都已經沒有希望，至少在現階段沒有，但如果展開新的階段，就有一搏的機會，在現階段一切都已經定型了，要趕快結束掉，讓新的可能性開始。如果沒有辦法自行結束，你可以自己放棄，讓這個階段趕快結束掉，迎向新的開始。

問題位：這張牌在問題位是一切都腐朽了，看起來沒有延續的可能性。最好的方法就是把腐爛的地方切掉，不要讓疾病沾染其他健康的部分，當斷則斷，把不好的地方限在局部，局部不要了，才能擁有健康的大部分。把死亡的部分捨棄，我們才能繼續活下去。

建議位：這張死神牌本身就是個問題，所以建議跟問題牌很像，就是要把死去的地方捨棄，或是讓它死透，才有新生的可能，或者再積極一點，在還沒有死透時，找出沒救的地方，趕快斬斷這個地方對整體的影響，維持個體的健康度，不需要的地方，就要果斷放手。

14 節制

這張牌因為牌面的關係，很多人誤以為是水元素，但其實是火元素，象徵不斷提升的意思，因為兩杯水是不同的液體，倒來倒去不斷混合，最後會變成第三種不同的液體，這第三桶液體，就是融合了前面兩種液體，變成一種更高級的液體，所以這張牌真正的涵義是「提升」。節制這個詞，用在融合兩種液體時，所需要的態度，節制就是不能太多也不能太少，要穩穩地互流，才能維持兩種液體的成分，變成完美的第三種成分的液體，所以「節制」也有小心、克制的涵義。火元素本來就是向上的元素，我們大家都學過：熱空氣上升，冷空氣下降。火元素也是有目標性的元素，風元素也是往上，但風元素沒有目標，所以沒辦法找到前進的終點，土元素也有目標，但土元素跟水元素一樣是陰性元素，所以都是往下的元素，土元素就是我們的大地。

如果要變成更高的存在，本來就是要加入其他成分，這樣才能整合更多的元素，就像我們要長大，當然要吸取更多的養分，不然怎麼有更多的肌肉、骨骼，怎麼有更多的動能？來提供肉體的成長。不只是融合，節制牌還代表了協調，協調就是找出很多特質的最大公約數，讓這些特質可以交流，整合成最大的融合體。兩個有對立立場的人，也是要找出兩個觀點中的相同點，才能有交流的可能，甚至發展

成融合兩個觀點的第三種觀點，而且跟前兩種觀點都互相不衝突。所以這張牌是一張很好的牌，能夠適應各種環境，也能夠跟任何人融合，因為多出來的成分，只是更新特質的其中一部分而已，節制牌可以吸收任何元素，提升它們成為更高的可能性。

感情方面，這張節制牌比任何牌都好，甚至比戀人牌都好，因為戀人牌是風元素，對應感情有一點不穩定，風元素只是可能性而已，感情有太多可能性就容易節外生枝。火元素是一種熱情，也會往上提升，感情需要火元素來增加熱度，感情也需要不斷成長，才能兩個人一起往更高的方向提升，兩個人都可以變成更好的人，甚至誕生出其他更好的人，也就是生小孩，小孩都會帶有父母的特質，變成一種更好的存在，不是更好，至少也是更年輕的生命。

事業方面，節制牌不只擅長協調，代表化學、數學等探測自我的部分，既然代表探測自我，也代表探測之後結合成更高的自我，就是教育、法律、旅遊，凡是我們原始的大腦不知道的事，都需要節制來幫我們打開進階的腦門，為什麼旅遊也是？因為旅遊就是我們沒去過的地方，也要身體力行去了解，所以節制對應射手座，射手座代表高等教育，雙子座代表初級教育，就是注音符號、國字、1+1=2等本能就可以理解的事，但射手座的高等教育是一些前人累積起來，沒有人教，你就不太可能學會的事。

【在各位置的牌義解析】

現況位：站在高處，用上帝的視角俯視大家，但絕對不是高高在上，看不起其他人，這張牌是站在高點，用幫助別人的立場，看看有什麼事物可以教給大家，也就是說，節制牌等於是一個老師、教授，帶領大家往前進、往上提升，有時候也會高處不勝寒，但大多數時候，知識的火把會給他們帶來溫暖。

問題位：這張節制牌是好牌，通常代表有利的事，如果有問題，可能就是融合失敗，但就算融合失敗，原來的特點還是存在，只是要另外找方法而已，沒有全盤皆輸，就是在關鍵的地方少了一點運氣而已，只要多試幾次，就能找到通路，其實問題不大。

建議位：就是多上網、多看書，一定會有某些地方、有某些人，告訴你一些沒看過的事，簡單說來，就是多充實自己，因為只要放大自己的眼界，就可以看到就沒看過的境界。也可以多去旅行，很多時候如果找不到答案，可能答案就在你眼前，只是你看不懂而已。

15 惡魔

這張牌滿有趣的，說是惡魔，卻是人類都很喜歡的事物，像《聖經》某個版本裡，有美食地獄總管，名聲、美食、金錢、男女的性愛……都在地獄有總部，我們一般人的天堂，可能就是《聖經》裡的地獄，換句話說，惡魔就是人性。對要減肥的朋友來說：美食就是地獄。對修道的朋友來說：錢財名聲就是地獄。正因為是人性，我們才會往往敗在這一關！人性就代表我們的弱點，我們都喜歡肉體的享受，但這些享受往往對我們自己無益，其實這些地獄，如果不用付出健康的代價，就算是天堂都沒有這麼好的事，光是我從年輕減肥到中年就是了，還生過大病，差點去見上帝。惡魔是魔羯座、土元素，這一點很好理解，土元素代表所有具體的事物，例如錢、脂肪、帥哥美女，但在占星學上，代表脂肪的是木星，因為木星代表龐大，在古早時代，胖子也象徵富裕，但胖子只在古代是富裕，現代卻是疾病的象徵，所以幸運跟不幸，也會隨著時代變遷。

惡魔象徵的事物，往往是人們追求的，當然啦！人類如果不想要，也沒辦法蠱惑人類，但我們想要的東西，只有宗教會覺得凡是擁有就是惡魔，但現在適量擁有是幸福的，如果過度，就會引來災難。我常常在抽牌時抽到惡魔，如果是事業，就代表會賺到錢，但要付出健康或家庭作為代價。也有可能是你得到想要的對象，但

之後卻給你帶來不幸，例如他花光你的錢，或讓你眾叛親離。很多人會覺得那就不要太貪心，但我覺得人生就這麼一回，把它當成旅遊地球，什麼都試一試，不要故意去做，但遇到了也不要覺得世界末日，整合原有的資源，還是可以再站起來。

感情方面，這張牌愛情的成分不多，但金錢跟肉體的成分很多。像是為了錢嫁給離棺材不遠的老人，類似中國來台灣的粉紅收屍隊；也有可能是嫁給有權有勢的人，然後假借懷孕，想拿到對方財產，或一夜情過後，本來以為沒有感情負擔，但居然懷孕了……，總之都跟愛情沒有直接的關係。我身邊有因為假結婚坐牢的，也是惡魔牌的代表案例，就是表面上是感情的事，但實際上都是錢的問題。

事業方面，我有一個很有趣的例子，有個客人來抽自己的事業，前面我忘記了，但都是很好的牌，只是土元素都很強，最後一張居然是惡魔，我跟他說，會有很多收入跟權勢，但可能會違法，政府不會抓不到，不過那是法律漏洞，還是不要碰比較好，不然至少會是婚姻有麻煩（補抽問題牌，抽到節制）。他後來跟我說，他在大陸工作，最近公司要他去每個省分娶一個太太，身分跟人脈就可以解決了，但太太當然不同意……。

【在各位置的牌義解析】

現況位：正在一個很享受的狀況，但這些享受是違法或者不道德的。例如做違法的事業，雖然賺很多錢，但有可能隨時被逮捕，或是二十四小時工作，雖然有成就，但之後有可能生重病，或者是遺產沒有分配好，過世之後，錢財不能留給想給的人。這張牌就是表面看起來很好，但後續危機重重。

問題位：這張牌的問題有很多種，如果在現代，最大的可能性是不珍惜自己的身體，過度吃喝或操勞，留下不好的後遺症，或者是為了錢挺而走險，但到最後沒有拿到該得到的東西，賠了夫人又折兵。要不就是乾脆不要做不該做的事，或是要隱藏得好。

建議位：這張牌如果是建議，簡單多了，就是用點小把戲，把正在做的錯事矇混過去。但最好的建議是想更好的方式，如果要冒險，利益就要非常大，值得這一次付出的代價，最好是坐牢的時間不多，但是利益可以用一輩子的那種，希望趕快修法，讓這種法律都加重刑期。

16 塔

外國拍電影，只要提到塔羅，一定把重點放在死神牌，但真正可怕的是這張塔，審判、月亮、倒吊人也都很不祥，但塔牌對應火星，是突如其來，完全沒有預兆的，死神是時間到了就消失了，其實算是有常，真正的無常是這張「塔」，要說可怕。其實也不是什麼大事，但事情會突然發生，讓我們措手不及，會突然全亂套，其實也沒什麼大事。我有一次跟民歌手朋友約吃飯，出門前抽到三張塔，再抽到兩張空白，我出門後他打電話給我，說沒帶錢，叫我等他一下，他去公司拿錢，我以為就是這件事了，但他去的這家店是他朋友在裡面工作，如果沒開門的話他朋友會跟他說，我們千辛萬苦找到店，發現居然沒開！後來質問他朋友才說，他們一直沒有休假，今天預備開店時，店長突然說：我不開店了，帶你們去吃飯，朋友說他問了三次，後來是老闆（店長自己去把鐵門拉下來），所以他來不及通知我們，我跟他、跟他的朋友，都體驗了三張塔的威力，只好去別間餐廳吃，我本來以為兩張空白，是我對他們的食物評價不好，結果是根本沒吃到！真說起來，沒吃到也不是什麼大事，但就是那種晴天霹靂的感覺，希望完全落空的感覺，這張塔會給人很大的驚嚇。

這張塔除了到一半中斷，全部的後續都沒有下文，重點是你要用你的能力，把

他修補起來。是說我覺得跟這家餐廳沒緣分，就沒有再去過了，我覺得三張塔兩張空白，就已經嚇到我了。雖然最大的災難也只是讓人嚇一跳，但我經歷過一次，就覺得狀況不太好，可能那時去這家吃飯不太適合，因為我被嚇的頭腦一片空白。

感情方面，這張牌很明顯不太好，如果要講愛情，這張塔很兇暴，就算交往成功，也會有家暴或感情談不下去。就算不講暴力，這張牌也有可能嘎然而止，因為塔牌是想到什麼做什麼，所以談戀愛後，也會用自己的理念，強硬的傳達自己的觀點，不管是男是女，這都不是在戀愛中應該出現的特質。這張塔牌，就是充滿口齒跟肢體的戰爭，而且搞不好會變成充滿爭吵的一段糾紛，不是肢體戰，就是口水戰。

事業方面，這張塔牌都是突然出現，搞砸很多事以後，把爛攤子給別人收。就塔牌來說，除了搞爛生意，也沒有其他本事，如果需要一個間諜，他其實也沉不住氣，塔對應的火星就是戰爭，走到哪裡，引爆到哪裡，沒有深思熟慮的空間。如果這個特質，去當建築物拆除，這倒是一個很好的方向，把原來的建築物拆除掉，然後清出一塊空地，再讓新公司在上面發揮。所以塔的手上應該有很多清除物的空地，是可以重新再利用的。

【在各位置的牌義解析】

現況位：這張塔的狀況，沒什麼好說的，一定是在水深火熱之中，因為塔的專長就是把其他東西推翻，重新利用這些資源。如果想要擺脫水深火熱，轉移做法跟領域，就是最有可能的做法。很適合進入一堆混亂之中，然後把一切都清空，取出可以重新利用的東西，當成新公司的資源。

問題位：塔的問題就是亂無章法，也不知道下一步要做什麼，更要擔心他不知道什麼時候情緒來了，就把一切都摧毀。但這麼強的摧毀力，也是有它的用途，塔不在乎傷人一千，自損八百，所以塔通常是很好的引爆物加砲灰，而且在變成砲灰後，還是有力氣再起，有很強的重生能力。

建議位：這張塔牌出現，如果快刀斬亂麻，一定會有很理想的結果，不要再委委屈屈撿剩下可以用的資源，如果一次砍掉，剩下的資源就都是你的了，那時不用我們去撿，因為也不太會有人要。但只有塔知道能用這些資源做什麼，因為塔不在乎當小人物，也不在乎壓低身段，只要有機會，塔應該就奮力跳起了。

17 星星

星星是一張很優雅的牌，一般來說，我們都會覺得他仰之彌高，不容易親近，但他對我們的態度卻都是很包容，一點都沒有看不起我們的意思。雖然我們的頻率比他低很多，但星星牌卻認真的把能給的都給我們，這讓我想到一本心靈書裡說的，上帝跟每個人說話，沒有停歇過，只是我們聽不懂而已。雖然我們聽不懂，但高靈還是沒有放棄跟我們溝通的機會，像《與神對話》、《老神再在》都是聽懂上帝的話的人的記錄。如果星星是一個人，就是一個優雅、清冷、很願意跟我們說話的人，但我們卻覺得他很神秘，覺得他說的話都離我們好遠。

這張牌對應水瓶座，水瓶座是風象固定宮，我之前說過，塔羅牌對應星座，我會把守護星跟四象三態分開看，所以星星不像一般水瓶座搞怪而叛逆，因為水瓶的離經叛道來自於守護星天王星，但天王星被分到愚者去了，只留下風象固定宮，所以他雖然優雅，卻也異常固執。對於自己相信的事，沒有半分懷疑，即使看來不符合常識，他卻相信大家誤解了常識，就是這樣強烈的信念，最後我們會發現，他相信的才是對的，是我們的常識太老舊了。或是說，他相信的是比我們更根本的東西，所以他才會是對的。這張星星牌，也常常有偶像的意味，因為星星高高在上，我們沒辦法看到他充滿坑坑洞洞的那一面，只看到他反射了陽光的光芒，所以才會

對他有不切實際的幻想。就是因為我們不了解他，把我們不了解的部分想的太完美了，但他的確是跟我們不同頻率的人，如果要跟他當朋友，其實也是可以的，他對於不重要的事來者不拒，而且通常不會批判他人，但對於他覺得很重要的事，可能在我們看來很迷惑，這有什麼重要的？但他就是很堅持，不惜跟人吵架、戰鬥，跟我們平常認識的他不太一樣。

感情方面，星星牌是真正的「靈魂伴侶」，雖然是風象，但風象更符合靈魂伴侶的意義。大部分的人跟星星的維度不契合，他的靈魂伴侶跟他也不一定在同維度，只是觸動了星星的一個點，讓星星在當下那一刻，感受到完全的同頻，所以記了一輩子。如果相處下去，還是會發現彼此的差異，但星星會忍到不能再忍為止，記得，他是固定宮的，有可能忍一輩子，所以會是一個很好的配偶。他可以一輩子很優雅，話不多，一旦講話別人都聽不懂，所以不會引起爭吵，大家都可以很和平。

事業方面，星星牌是高科技的代言人，總在研究那些我們還不懂的東西，像賈伯斯在iPhone後又研發出iPad，給了我們另一次驚喜，我是不用蘋果啦！但身邊每個人都在用，星星跟未來相關，他不是算命師那一類（但其實他當算命師也可以當得很好），但對於任何事情的未來，他有先見之明，因為他的高度夠，可以看到我們看不到的未來。

【在各位置的牌義解析】

現況位：有一個藍圖正在計畫，雖然不知道成不成，但計畫非常引人入勝。可能是因為還沒開始執行，所以在書面上看起來是完美的，但這一切都還只在腦中，也就是說只是想法，等著大家去執行，執行之後才能發現問題在哪裡，也才能修正，就像我們的企劃案或發明構想，看起來都很完美。

問題位：星星的問題，就是不知道構想經不經得起執行。想法很美好，但就像發明，失敗機率總是比成功多，但如果不做，就不會知道問題在哪裡，星星牌的問題，其實還滿值得期待的，因為問題越多，能解決的ＢＵＧ也就越多，成品就可以更完美。事關我們的未來，當然要越仔細越好。

建議位：風元素的建議，通常都是要人多激發想法，或者從書裡找資料，但星星牌通常是寫書的人，所以建議要把自己做事的每個步驟寫下來，有利於找問題。或者跟一起混同一個圈子的人聊聊看，有沒有什麼其他想法，通常都會有驚喜，甚至做出更好的成果。

18 月亮

月亮是一張擔驚受怕的牌，外面有些危險，但沒有他想像的那麼嚴重，但他越想越擔憂，所以事情就真的變糟了。月亮牌對應雙魚座，相像的部分，可能在於雙魚座是潛意識。如果要說操煩，其實巨蟹座最會自尋煩惱，在占星學中，巨蟹座的守護星也剛好是月亮，不過這張月亮牌是占星月亮中負面的部分，女教皇對應的占星月亮，是月亮中的優點。圖中的水就是潛意識，龍蝦跟代表潛意識中冒出來的恐懼，天上掛著的月亮昏暗不明，代表環境也讓人無法看清，所以無知就會引發恐懼。下一張牌就是太陽，只要撐過夜晚，太陽就升起了，所有一切都照亮了，恐懼自然會消失，但是在月亮掌管的夜晚，四周很黑暗，是福是禍也尚未清楚。這張牌也代表想像力，想像力會把恐懼推得更深，因為事實上不存在的事物，在我們的想像中可以存活。但這也不是全然不好的牌，月亮也代表一定的警覺性，生存在世界上，警覺是必要的，往好處想，會先大家一步看到危險，只是如果過度，就會變成神經兮兮。

我算牌的經驗，如果問愛情抽到這一張，大約就會有第三者。這是我在一場貴婦趴中發現的，每次抽到這一張，都一定有第三者，前幾個客人，我還會小心翼翼說：「你老公的異性緣不錯，所以……，」對方馬上接口：「用錢能讓他離開我

老公嗎？」後續看多了，我就會直接說：「這個女人不好對付。」對方接口：「對啊！我用盡辦法，老公還是不回家。」但這是我的經驗，不見得套用在誰身上都一樣，每個人用牌的方式不同，每副牌跟主人有自己的暗語跟默契。反而在大家身上常說的第三者牌「聖杯3」，在我手中，每次都是不錯的普通交情，或是男案主很有異性緣，或工作場所異性比較多，要看你對你的牌定義是什麼。

感情方面，除了我說的盛產小三之外，戀愛中的人也有很多擔憂與恐慌，像是被背叛過的人，在之後的感情中都有陰影，動不動就會懷疑有第三者，長此以往，就算沒有第三者，也會被你想到有。其實第三者只是結果，重點是在於不信任感，跟三不五時的猜疑，讓你沒辦法用心經營感情，整天盯來盯去，當然就會產生第三者了，因為你的伴侶看不到你的美好，只看得到你神經兮兮的樣子，還有整天懷疑的眼神。如果是這樣，不愛上別人也難，所以我都說，第三者只是結果，前面你們相處的方式才是因。

事業方面，這張牌意味著有很多困難，有可能是精神方面（心理醫生、療癒師），或跟女性相關的產業，這張牌的底氣不強，進入產業時也是資金不夠或支持的資源不多。如果換成比喻人，也可以說「體質不好」，所以遇到困難，別人都沒事，只有你損傷一次，很容易就掛了，所以盡量是一人公司比較好，損失比較不會那麼大。

【在各位置的牌義解析】

現況位：其實大環境沒有那麼差，是不太好，但也沒有糟到你要放棄的地步，但你心裡的擔憂太多，負面想法太多，可能要去找人講話，比較能平復心情。如果要找事業夥伴，就要找你看著就可以覺得安心的人，不需要能力太好，因為能力再好，也禁不起你的嘮叨，找情緒穩定的人比較好。

問題位：這張牌很怨天怨地，凡事都往不好的地方想，所以等於在詛咒你正在做的事。每天多曬太陽，多做運動，可以把能量往好的地方調整。其實有點像自覺不幸的人，整天很哀怨，人們還不知道他的遭遇，但看到他的表情，心就往下掉了，這才是他運氣不好的原因，因為每個在他身邊的人，也都被負面情緒淹沒。

建議位：這張牌的陰性元素很強，心理跟藝術都很有才華，所以適合當創作者，不適合被人支使，但很需要扶持。建議平常就要有可以發洩情緒的地方，扭轉負面的心理跟情緒，自己好起來，做的事情也會被好，這張牌的負面情緒很強，所以要善用情緒的力量。

19太陽

這張牌的占星對應很簡單，太陽牌就對應占星盤上的太陽，充滿光、很熱情，火元素的太陽幾乎沒什麼缺點，但只是「幾乎」，還是有的。太陽的缺點就是太過光明正大，把一切都攤在陽光下，也把自己的弱點展露無疑，缺點也是。但太陽自信，覺得缺點沒什麼大不了，甚至覺得自己大體上來說沒什麼缺點，說是缺點，其實也就是弱點，每個人都有自己的阿基里斯腱，越不顯眼，就越致命。還好太陽始終在大家的眼光下，就算出什麼事，旁人的搭救速度也很快。占星學裡的太陽，就是我們平日外在的樣子，理直氣壯、自信滿滿，是我們最常示人的那一面，我們常常說的我是什麼星座，講的就是太陽星座，太陽星座就代表我們最常顯露的那一

19 太陽

元素：火
占星：太陽

面，所以太陽星座，會是我們人格中最大的一部分。

但太陽因為太常見，反而常見到有點平凡。有一個女生問他跟前男友的關係，出現太陽牌，但他跟男友幾乎沒有聯繫，我問：「你跟男友是同事嗎？大家都不知道你們交往過？」他說：「對，你怎麼知道？」因為太陽就是在眾人眼皮子下，你們要若無其事，太陽說你們是同事，你們就要表現出同事應有的樣子，不能特別親切，也不能特別冷漠。

火元素的好牌其實滿辛苦的，如果出現在不好的位置就很難解，我記得另外有一次抽到太陽，只記得其他牌都是好牌，但太陽在「問題」位。太陽當然可以是問題，我說：「你太大喇喇了，沒有注意身邊的人對你的眼光，你覺得事無不可對人言，但就算再小的事，都可以變成攻擊的靶子。」像我以前被攻擊過，為了證明我不是好人，對方就抽我的代表牌，抽到女教皇，他說：「對啊！天空為限就自以為是老大，自以為比誰都厲害！」是啊！但我覺得自己很厲害，別人也很厲害啊！只是每個人厲害的地方不一樣，世界上怎麼可能只有一個厲害的人？不過我確實有點太陽，覺得我就是這樣，看不順眼你們就不要看好了，被討厭我還很高興，因為我覺得別人討厭我，就代表我跟這個「別人」不一樣，是一種榮耀，其實我覺得這就是太陽的態度。

感情方面，太陽牌其實跟權杖6有點像，都是活在大家眼光之中，就像公開宣言、登記結婚這種示眾的事，太陽需要做一些證明的事，權杖6倒是大家心裡知道就好了，反正大家都會給權杖6面子。太陽比較累，他被當成大家的「模範」，如果他結婚，就應該經營一個很好的婚姻，如果他離婚，他的態度也會變成所有人檢驗的事情，跟權杖6不一樣，大家對權杖6是抱著羨慕的心情，但對於太陽是抱著「我也要跟他一樣」的心情，所以更會影響到他人。

事業方面，太陽就好多了，在大家可以看到的範圍，他都表現得很好，太陽本來就是眾人矚目的對象，這種眾人矚目不是有意識的，是大家不知不覺就看向你，是希望在心裡模仿的對象，但在大家看不到的地方，可能有點小問題，像財務等問題。但如果是太陽，後續問題也不會太大。

【在各位置的牌義解析】

現況位：太陽的當下狀況，就是什麼事都在合理範圍之內，是公認的正常（我發現太陽居然不是很優秀，而是大多數尋常人的樣子），即使有一點點不對勁，太陽也會馬上修正。通常會想要當所有人可以遵從的模範，就是一定要做對的事，就算別人不太在意，太陽也堅持要做對的事。

問題位：這張牌一向是好事，就算是問題，問題也不大。頂多被人嫉妒、被人中傷，但生活在這個社會下，這些應該都是日常，遭遇的磨難多了，抵抗力才會更好。但太陽麻煩的地方是，他很在乎自己的形象，要到完全沒辦法時，太陽才會看清別人的眼光不重要。

建議位：如果是太陽，建議就坦然一點，把所有事情公開在陽光下，讓大家看到，以太陽的好人緣，會有人想到解決的辦法。太陽最大的優點就是可以被檢驗，太陽幾乎一生都在避免做錯事，但這種願意幫助別人的個性，就算出事，也會有朋友願意跟他一起扛，這就說明要多做好事，增進自己的優質人脈。

20審判

這是一張又陰又陽的牌，因為對應的冥王星守護著天蠍座，冥王星又是高八度的火星，所以跟火星一樣易怒，但跟水象一樣不會馬上發作。冥王星是很恐怖的行星，象徵核彈，火星是象徵普通彈藥、尖銳品而已，所以審判常常讓人不知道如何解讀。我在上一本書說過，審判是種子死了，樹芽活了；死神是樹開花凋謝了，隔年再開花；塔是樹長到一半，被雷劈死了。這三張牌比較之下，審判跟死神都很溫和，塔比較恐怖，但塔也能空出位置，讓你做別的事。

審判其實很好解，它出現就是要你做出決定，很多人哀號：「就是做不出決定我才抽牌啊！」我的解法是，做出跟之前不一樣的做法，如果之前吃藥，這一次就開刀，如果之前開過刀，這一次就保守治療。因為審判象徵的就是徹底改變，如果改變幅度不大，就沒有意義了。做生意也是，表示需要轉型了，原來的模式已經不適用，審判通常在需要重大改革的時候才會出現，所以一定會不適應，但一定要撐過去，撐過去以後，就柳暗花明了。出現審判，就一定會帶來痛苦，因為每一個決定的背後都有代價，內心一定會掙扎，這個掙扎也帶來我們的成長。

審判的重點，就在於它是轉捩點，在審判之後都會轉型，人生的紀律也會不同。如果同一個牌陣裡遇上不好的牌，審判就會太嚴苛，像懸樑刺骨那種，而且就算這樣受苦，也沒有太好的結果，如果其他組合的牌很好，就會搖身一變，變成一個成功又自律的人。

感情方面，這張審判象徵受過很多傷，代表你之後選對象，要跟之前完全不一樣。不是你偶爾沒選好，審判是你看對象的眼光有問題，光是不一樣不夠，你可能要去看心理治療，或去催眠，找出你折磨自己的原因在哪裡（對，你的潛意識要你折磨自己，不然再怎麼湊巧，也不會遇到爛人的頻率這麼高）。審判當然也有可能是復合，但跟同一個人復合，你對他的態度會完全轉變，你就會看到對方也轉變，到時已經像兩個不同的人在交往了，所以也不會重蹈覆轍。就算又分手了，那就是看到新的問題點，就不會因為同樣的原因又復合，因為經過審判後，頭腦都會很清醒，看一切都很清楚，不會再栽進去一樣的模式裡。

事業方面，這張牌有可能是醫生或治療師，因為這張牌很擅長修復傷口，給你一個新生，或是做重建的工作。如果不是上述這些工作，其實最簡單的解讀是：轉換新跑道吧！如果你很喜歡自己的工作，那就兼職試試，因為你一定要找新出口，說不定試著試著，你就找到新模式，就轉行了。

【在各位置的牌義解析】

現況位：現在是很急迫地要你下決定的狀態，如果現在不下決定，轉機就過去了，就算你之後再轉換，也不會有這次的效果，現在如果改變，會帶來完全重生的可能性，像是從上班族變成專業人員，或是從小店舖變成企業，後面有很多機會在等你，雖然不見得都是好的，但你的格局會完全變大。

問題位：這張牌在問題位，情況已經由不得你繼續猶豫，如果你不改變，就會一輩子這樣耗下去。但我們都有偏安的心態，也會害怕改變，但如果再繼續害怕，這張牌就是來考驗你的，看你有沒有資質過更好的生活，如果你安於現在，那也可以，但可能一輩子就是這樣了。

建議位：這張牌是建議你換個方式，看看狀況能不能改變，這張牌換的方式幅度很大，你心裡要非常決絕，或是換的幅度不大，但你要抱著必死必勝的決心。其實不管換的規模如何，心裡都要非常清楚，你是為了什麼而改變，這張審判有急迫的意思，有時看起來還好，但這是一個轉捩點，你的人生將因此而改變。

21 世界

這張牌對應土星，話說在占星界，土星可是第一凶星，但在塔羅牌裡的世界，都和土星好的地方相似，像樸實、敦厚、穩定的環境、高原期、可以保持恆久。世界代表最後一關，過關了，就可以保持高度很久，除非遇到下一波亂流，不然就會一直保存在原位。世界是大阿爾卡納最後一張牌，也代表結局、完成，畫下美好的句點，是一個happy ending，在每一個短期的美好收尾，都可以開始邁向新階段。這張牌我最喜歡的地方，是世界的格局很大，讓我們可以站在高處看世界，所以能看到的東西，比我們原來的高度看得更多，世界有把多樣東西整合起來的意思，所以你的各項投入，可以整合成一個結果，展現在你的眼前。我很喜歡「圓熟」這個詞，它也有成功、到點了的意思，剛好我們地球是一個球體，很適合圓熟這個詞，也會讓人有成果、圓滿的感覺，大阿爾克納在這張牌邁向句點，是一個很好的象徵。

世界是一個完整的自我實現，要進入這個你打造好的世界，需要很多努力，如果只是過客無所謂，但如果要長期待下來，就要很多觀察了，也需要用上很多時間，成為可以過關的人。所以世界不只格局大，也代表需要很久的時間來凝聚成型，就是因為時間很久，你的人生精華都在裡面了，也差不多定型了，所以很難接收外來的事物，幾乎土元素牌，尤其是錢幣9，都有這種難以配合外人的特質，因為自己就是一個整體，不知道要怎麼跟外人配合，就算有心，也要調整很久，所以通常到一半就累了，沒辦法撐到結局到來。

感情方面，世界牌是一個圓滿的整體，像是你已經遇到適合的人，而且子孫滿堂。如果是一個人，就代表足夠膨脹了，閒人不要輕易入圈，因為他可以一個人的世界撐到那麼大，通常已經沒有留給他人的空間了。但也要看在哪個位置，如果這張牌在「兩人的過去」，就代表你們的基礎穩定，適合繼續往前走，但如果是「個人的過去」，就代表他的世界已經完整了，沒有留給你的位置，最好的位置當然是「未來」，不管是一個人或兩個人，世界牌都代表圓滿跟完整。尤其單身的人抽到這張，未來不管是一個人還是兩個人，都是最好的狀態，通常是該來的人已經來了，才會單身就抽到這一張都到了的牌，房子、車子都有了，小孩說不定也有了。

事業方面，這張牌通常不是小小的成就，是一個可以提供很多人安身立命位置的企業，尤其是政府單位或財團，都很像世界牌的量體，通常不太可能是個人，比較像家族或工作團體。如果是個人，那一定是有很多資產的人，或有多股票股份在他手上，所以他一個人就可以代表整體。

【在各位置的牌義解析】

現況位：目前是凡事告一段落的時候，如果想要再發動，必須先消化一陣子，因為土元素不是反應那麼快的元素，所以凡事不宜過早，或是先放著熟成一段時間，不管是人、事、物，就像有些水果放個幾天會更熟一樣，這些事再過一些時候，才是行動的契機。

問題位：這張牌的問題。是量體過大，如果變成阻礙，那就很難處理，就算是有用的東西，佔太多地方的話，也是會給其他人帶來麻煩。尤其世界牌對應的土星，常常變成擋路的東西，就像土星的負面意思，會是障礙跟拖延一樣，就像這是我書裡最後一張牌（我先寫數字牌，再寫宮廷牌，最後才寫大阿爾卡納），我寫超久的。

建議位：這張牌的建議很簡單，就是要有耐心，凡事要等待時機，才能水到渠成，就像運動一樣，可以邊運動邊聽音樂，或看電視，讓自己有事分心，會忘記你等多久，或是投入多一點資源，就可以慢慢等待回報。這張牌如果問理財，最好的方式是投入房地產，越久價錢越漲。

Chapter 2

小阿爾卡納

小阿爾卡納的數字牌，因為火跟風是陽性元素，都是能量性質，土跟水是陰性元素，是質量性質，所以火和風元素，越前面的數字能量越多，但到了9跟10，力量就逐漸耗盡，所以牌面都不好。我都說風跟火是耗散結構，因為是揮發性的。陰性元素可以累積，所以土和水元素的9號跟10號牌，都很豐足。土跟水是累積元素。

火跟水是感性元素，土跟風是理性元素。水跟風是渙散結構，水往下，風方向不定；土跟火是焦點結構，土是長期目標，火是短期目標。

值得一提的是數字5。在生命靈數方面，5是光芒四射，展現自我的數字，但因為是中間數字，表示還在努力的階段，所以如果要展現自我，就要跟人互別苗頭。而火跟風這種陽性元素，都是跟人競爭，水是自慚形穢，土元素是受環境阻礙。

大家可以看看，在每個數字的四張牌有什麼共同點，那就是這個數字的公約數。

權杖牌組

權杖1

權杖是火元素的代表物，數字1也有火元素的特質，兩者都象徵新生、原始、活力十足，權杖1也是沒有滲入任何雜質的火元素，加上1也有火的特質，所以權杖1是熱力無限，做什麼都有最高的成功機會。

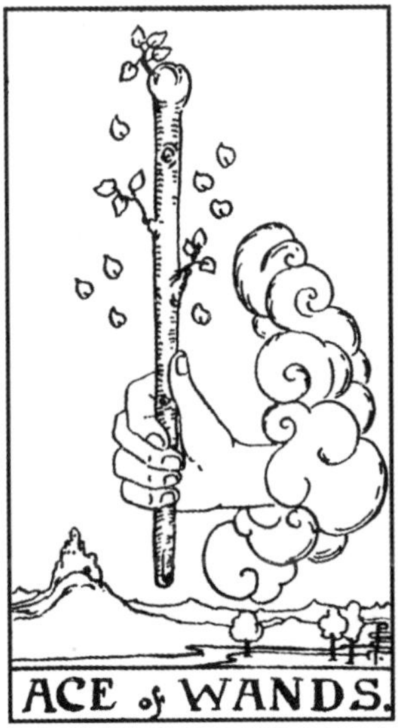

權杖1做什麼事都有最強烈的興趣、最強的動力，因為火元素是欲望，所以什麼事都要看自己高不高興，不會為了別人慫恿做任何事。如果權杖1想做，你一言不出，他就衝過去了，如果權杖1不想做，就算勉強答應，也不知道該從何做起。權杖

1如果想要，就本能的會去把事情弄懂，就算沒學過，也會從實作中搞清楚原理，如果他不想做，不論你用什麼東西獎勵他，他的腦袋都像灌了漿糊。沒有動力的話，火元素的腦袋就不太好用，這跟他的意願無關，他就是想不通嘛！

事業方面，適合當創業者，或至少也是業務、行銷類，不要坐辦公室領死薪水，這樣會完全扼殺他勇闖未來的野心。野心也是火元素一個很重要的特質，因為火元素燃燒起來時，全世界都會變成助燃物！所以他吸收很多知識（物欲是讓他乖乖念書的唯一動力）、承擔任何事，就是為了要有足夠的經驗跟能力賺錢，或是創一番大事業。火元素跟水元素都是感性元素，一旦火元素投入，就會把全世界都變成他的燃料，所以會創造出不小的局面，就是做得有聲有色的那種。火元素的特質之一，就是吸引注目，因為火會發光發熱，所有人都會意識到他的存在。火元素天生就是高調的人，沒辦法曖曖內含光，要他不張揚很難，因為在他的認知裡，就算什麼都沒做，但他的一言一行也早已將所做之事公告天下！

感情方面，非常快速鎖定目標，但持續時間不長，可能是找下一個目標，也有可能變得很無趣，或是熱衷自己的工作，畢竟工作才是重心，感情是得到後就可以放著，因為他有很多新事物要追求。

【在各位置的牌義解析】

現況位：權杖1雖然是ＡＣＥ牌，相對於其他火元素好一點，但基本上還是自私的，一切動力都來自於他的欲望。但就是因為他什麼都想要，才會出現市場跟商品，因為有需求（火）就有供應（土），佔有欲也是火元素的其中一種特質，而且是非常鮮明那種，實際上任何「欲望」都是火元素的一份子。

問題位：權杖1的問題非常明顯，就是他的欲念太明顯了，會讓對方有本能的抗拒心，但權杖1不知道是無意還是有意，不太會理念對方的意願，他想前進就前進了。所以權杖1有很多一見鍾情的時刻，不只愛情，工作跟物品也是，如果不是很好的狀況，權杖1基本上會忽略他人的意願，如果是負面表現，權杖1會過為主觀、盲目，也會太過一頭熱。

建議位：如果權杖1出現在「建議」那你就明顯是太消極了，需要積極的火元素來推你一把，你要多想想你預計要做的事，會給你帶來名聲上、物質上什麼樣的享受，又會讓別人多羨慕你，被人崇拜跟簇擁，絕對是權杖1的夢想之一。雖然他很清楚自己的實力，但也在乎別人更一步肯定他。

權杖2

火元素的特點是非常集中，很有力量，遇到2就比較麻煩，權杖2是你遇到兩個選擇，但只能擇一，火元素的力量不能分散，不然就成不了事。

但火元素的運氣一向不錯，所以出現在他面前的選擇，都是對它有好處的，只是優點不同，不過火元素的能量比較單一，你選擇了其中一個，就勢必要放棄另外一邊，如果兩個都要，火元素沒有那個本事去掌控。在權杖2的面前不只是選擇哪一個，更重要的是，你選擇放棄哪一個？這是很困難的抉擇，尤其你明明知道它可以屬於你，但你的能量沒時間同時處理兩個並行的事物，只能把在眼前的好處捨棄，我覺得這才是權杖2最為難的地方。

做出選擇，表示要放棄了其中

一邊，放棄的不甘心，讓他要在選擇的那邊得到最多東西，所以成就是很大的。而且把這個力氣集中起來，吸引來的粉絲也很多（火元素獨來獨往，所以我們不說夥伴，因為吸引來的人，一定都是欣賞或崇拜他的某些地方）。權杖2的身份是首領，要帶領大家，也必須為成敗負責，還好火元素的心臟很有力，不怕輸也不怕死，因為在卯足全力時，失敗這件事，根本不會出現在他的腦海裡，成功率也會大增。

基本上，任何一張權杖牌，都是贏面居多，權杖2只是要選擇贏的部分在哪裡而已。這個抉擇並不困難，火元素如果冷靜下來就可以知道，就選他投入資源最多的那邊就好，因為不會浪費力氣，也比較不會不甘心。不管選擇哪一邊，權杖2都會獲得極大的成功，跟著他的人（火元素一向不會虧待人）要提醒他，因為火元素的記憶力不太好，也比較不懂周全。

事業方面，一般來說，只要是火元素適合的工作，都適合權杖2，但這張牌重點在於處境，他可能需要決定自己的下一步，就是處在一個待取捨的狀態。這張牌很鮮明的表現出有捨才有得。

感情方面，也是處在抉擇的狀態，可能這段感情會替他接下來的生活定調，所以有兩個選擇在眼前，兩個人有不同的好，但一定要捨掉一個，才能全力投入另一個。

【在各位置的牌義解析】

現況位：很簡單，權杖2面臨的狀況，就是出現兩個選擇出現要選擇其中一個，而且兩個方向的優點不同。例如出現兩個對象，一個富可敵國，另一個貌如潘安，但只能選一個，沒辦法兩者兼具，但不管是哪一邊，都可以贏的旁人的注目跟羨慕，只有自己知道自己錯過了什麼。但人最好不要太貪心，獲得現有的，就已經是很大的福份了。

問題位：這張牌的問題很明顯，就是決定了一邊，就會要捨棄另外一邊，而且一旦捨棄，就沒有再拾回的餘地，就跟你永遠無緣了。你不會知道，如果當初做了不一樣的選擇，會錯過什麼樣的生活，火元素雖然頭腦簡單，也會希望多元化的生活，但他的力氣只能灌注在一個目標上。

建議位：這張在建議位，就跟它的牌義一樣，建議你集中目標，把力氣跟資源花在一個地方，才會取得最大的成就。另一個重點是，要捨棄一個目標是需要很大的決心以及勇氣，才能做得到的，所以建議是不要太貪心，注意自己已經選定的東西，好好的去成就它。

權杖3

權杖3是火元素，三人成眾，3是一個最小的團體，火元素比較正面，3又代表社交，所以權杖3是一群有才的人集合在一起，為了同一個目標而努力。

上一張權杖2在海邊思考著自己的未來選擇，但權杖3已經看著船來來去去，在思考自己的短期目標，也是丈量自己的能力跟未來的成就之間有多少距離。數字3也是一個有力的團體，因為三角形也是一個支撐力很強的形狀，可以禁得起很大的壓力。

我對這張牌很樂觀，因為火元素是有力的元素，三角形也是有力的形狀，所以權杖3綜合了兩者，雖然起點很渺小，但很快就會有大發展，火元素的爆發力不容小覷。因為是3，所以這張牌還只在企劃的階段，3是

溝通跟規劃，也是還在整合異同的階段，所以要非常確定各自的想法跟目標一致，才能一起繼續走下去。

事業方面，還處在剛開始的階段，不宜做太激進的事情，應該要詳細觀察，找出自己的優點跟缺點，以及最重要的——弱點。盡量把資源用在能夠有進展的地方，用最少的資源，取得最大的進展。

感情方面，表示一切都在剛剛開始的階段，比起談戀愛，好好認識對方，先把「朋友」當好再說。因為3是互動的起點，也是橋梁的第一塊磚頭，互相了解比互相探索重要多了，多一點了解，才不會花無謂的力氣，畢竟3是很重要的起點，這時的互相了解，可以知道用什麼樣的方式來相處，不管適不適合，都可以找到最好的相處模式。

火元素通常自我意識很強，但還好碰上3，3是眾人，讓火元素了解世界不是圍繞著他一個人轉的，要顧慮到每個人的需要，團隊才不會解體，能好好創造更大的未來。

【在各位置的牌義解析】

現況位：在眾人集結的力量下，讓事情有了很好的開端，只要能夠保持下去，往後的成就指日可待。而且眾人的向心力很足夠，可以很好的集結每個人不同的優點，讓每個人都有展現自我的機會，也能夠截長補短，在表現自我的同時，也能補強同伴的缺點，形成一個完美的團體。

問題位：這張牌的問題是，團體裡的每個人，都太有自己的特色跟主見，所以會像多頭馬車，不知道哪個方向才是正確的。但又不能否定任何一個人的存在，所以要集體來試錯，知道什麼路能走，什麼路不能走，這樣才能每個人心甘情願的選擇同樣一條路。因為有他們自己特色的那條路，已經測試過無法前進了，這樣才不會每個人都有不同的意見。

建議位：最明顯的建議就是要團結，要一心一意的向前走，步調才能一致，也才能一起達到目標，畢竟，如果大家不能一起到終點，一開始就沒有一起走的必要。每個人都貢獻了自己的資源，如果成事，也該每個人都分一杯羹，不要捨棄任何人，因為在不同的階段，我們會需要不同人，沒有誰是不必要的。

權杖4

4是一個很偏狹的數字，雖然有穩定、耐久的好處，但也有格局不夠大的壞處，還好神秘學中的火是專治狹隘的好元素。火元素就像車子裡的引擎，4就像車殼，火元素是一股很大的能量，可以帶著車殼往前跑，就變成車子。

火元素是高升而不會下降的元素，因為熱空氣往上，冷空氣往下，而4的基礎被奠定了，4加火元素，有往上的空間，但不太可能下降，表示可以往上往前，但不太可能往後或往下。尤其有像罐頭一樣的4在外圍，能量就會被保存住。土元素杜絕了風跟水的影響，火元素會越燒越大。火元素有光跟熱，所以非常顯眼，也是出名的象徵。但有一個缺點，火元素需要助燃物，所以在他身邊的東西，不是被火燒掉，

就是把火熄滅，導致火元素也無法跟其他元素共存，就使得火元素不得不獨立。4是有一個空間，在這裡權杖4可以燃燒得很好，像瓦斯爐一樣，是穩定的火元素，被好好的控制跟保存，是一股可以控制的能源。

權杖4是我很愛的一張牌，在塔羅牌裡，我最喜歡的就是權杖4跟力量，力量對應獅子座，獅子座是火元素固定宮，固定宮類似於土，權杖就是火元素，而4這個數字也像土，可見我很勢利，喜歡名跟錢。其實在物質世界裡，最重要的就是名利，沒有資源（土）跟形象（火），到哪裡都會寸步難行。火讓權杖4往上，4讓權杖4再低也低不過原來的基礎，所以權杖4只能往上，不能往下，正是我對自己人生的希望。

事業方面，權杖4因為是火元素，向上有無窮的可能性，但又有4，基礎扎實，不可能更往下，所以有底子，往上又有無限的空間，事業方面只會往上，不會往下。

感情方面，這也是一張好牌，因為基礎很穩定，4又是家庭的數字，代表有一個安穩的地方，讓生活可以越來越好，又持久又會往上升，不正是我們對家庭跟事業的期許。

【在各位置的牌義解析】

現況位：權杖4是一個完美的狀況，代表很穩定，又有無盡的空間，有4資源就不會匱乏，有火溫度就不會降低。而且火元素是熱情，不管談戀愛或工作，熱情很重要，一旦有熱情，就不會覺得無聊，可以一直持續下去，但火元素很容易熄滅，有了4，就可以讓權杖4不容易崩潰，能一直存在，不管是情還是錢，我們都希望可以持久。

問題位：看似很完美，但權杖4就是問題本身時，該怎麼解？就像我們的人生，就算再怎麼有出息，總會想休息一下，但權杖4背負太多人的期待，沒有休息的權利，需要一直保持在一定的位置，當所有人的靠山，或至少當所有人的基礎。權杖4有前進的義務，沒有後退的權力，所以通常會強顏歡笑，或有苦也難言，因為不能表現出脆弱。

建議位：這張完美的牌出現在建議位，代表你就照常識來努力，達到你應該達到的高度，努力所有你該努力的，你不用太優秀，只需要做到你能夠做的。如果他人對你有太高的期望，你就心平氣和的告訴自己跟旁人：我只能做到能力範圍內能做的，其他更多的要求，我沒義務去做，我覺得我能達到的高度就是如此，不管任何人都沒有權利壓榨我。

權杖5

一般來說，5是4的下一步，代表從數字4備受保護的家庭跟學校中走出來，遇到第一次的挑戰。權杖5是光明磊落的火元素，加上5這個數字有互別苗頭的意思，所以權杖5就是檯面上的正面較量，大家明著來。我覺得很像手機，今年是蘋果，明年是三星，每年都在比較誰有開發新功能，誰又推出好方案，消費者可以自己選擇最有利的方案，下一波又可以再選擇一次，沒有什麼暗中的陰謀。

如果遇到這種正面競爭，非常好解決，只要盤算自己有的資源跟子彈，再規劃戰略就可以，一切都是明著來，不用擔心背後有人捅你一刀。而且這也有助企業越來越好，因為一直要開發最新的技術，要給予消費者最大的優惠，每個企業都要花盡心思，給消費者或通路商最好的方案，而且每一年都要推出新產品，等於每年洗牌一次，不會有誰是永遠的第一名，大家都可以為了進步，為了不被淘汰，要用盡全力，表現到最好，受益者當然是消費者。

感情方面，這張牌很明顯，就是追求者眾，每個人都顯示自己最好的一面，讓你評估，但也要小心，追求者會把缺點藏起來，等到追求成功之後，就有可能現出真面目。所以我從以前就常常勸告美女帥哥朋友，沒人會讓他看到缺點，所以可能要請親友幫忙評估，尤其要聽跟追求者同性別的人的勸告，因為性別相同，通常會知道他們在私底下真正的樣子，就像女生看得出虛偽的女生是什麼樣，男生看得出膨風的男人會怎樣。

事業方面，跟感情差不多，在工作上有很多競爭者，你要用盡全力才能被看到。但因為是正面的，一旦被肯定，就不會突然被否定，因為被肯定的是真實的你，如果是很虛假的，才很容易破滅。

【在各位置的牌義解析】

現況位：在狀況位通常都是壓力大，但也非常亢奮。因為你喜歡戰場，可以使出自己的全力跟別人比高下，而且可以看出你跟別人之間的差距有多少，你還有哪裡要加油。因為一段時間就會洗牌，所以你每段時間，都可以評估自己進步了多少，然後增進自己的功力，等待下一次成功。

問題位：在問題位代表你一直努力，但一直被否定，因為永遠有比你強的人，一山還有一山高。我會建議，不要想成為最強的，那跟天份有關，不是努力可以解決的事，你要找出自己的特色，這就是沒有人可以取代你的地方，因為一個人的特色，就像從他身上長出來一樣，別人就算要模仿，也不可能完全合身。

建議位：這張牌的建議，就是要你勇敢的接受檢驗，就算失敗，也是可以把自己的缺點搞清楚，對症下藥，才能迎接下一次的挑戰。或者你很好心，有長期退讓的現象，這張牌叫你出手，讓他知道誰才是老大，這不是打擊別人，而且讓他認清現實，知道自己有多少斤兩，對他是有好處的。我們在社會上，不管階級在哪裡，都一定要認清自己的實力。

權杖6

6代表生活中一切需要的都已俱備，處在最好的階段。因為6=1+2+3，是完全數，所以6號牌都是好牌，連壞牌占壓倒性多數的寶劍牌，遇到6都比之前的寶劍牌好一點，代表療傷中，快要恢復了。權杖6是權杖5的下一步，權杖5是競爭，權杖6已經得勝了，受到眾人擁戴，6是群眾的代表數字，火元素是一個團體中的焦點，所以權杖6就是受到眾人追捧，是焦點核心，也就是勝利的主角，至少在人前，權杖6是全面的獲勝者，也代表大家都期望他上高位，還有可能提拔自己。

權杖6是全面性的勝利，因為從1到5走到現在，一定在團隊中很受人景仰，權杖6的綽號是「偶像牌」，代表大家把最希望成功的狀況，全都寄託在權杖6身上。他是我們團隊中的最好的代表，也不會讓其他人丟臉，尤其又是6，6是一個氣氛和諧的團隊，但並不是就只有一個人被突顯，權杖6是大家提升到同一個高度，6只是其他團員的代表。不管哪個元素，到了數字6，就代表已經到最好的階段，生存是完全不成問題的，如果要走到7，就是除了所需的事情之外，還要有一點點的企圖心，或想要精益求精的信念，所以7這個數字，就等於自願走出舒適圈，追求一個更遠大的未來。6是居中，在各個數字裡，都是最中庸的數字，但如果沒有其他野心，在6的階段也就夠了。

感情方面，代表你非常亮眼，追求者眾，只是你要分辨出你要的是誰。在權杖6，他們的國王已經選定，也有可能只是偶像，沒有其他更權威的身份。所以權杖6的負面特質，就是浪得虛名，可能只是旁人的誤會，但曾經跟權杖6有一段情誼，也是非常值得光宗耀祖的事，因為權杖6就是名人、偶像。

事業方面，權杖6代表站你這一邊的人很多，他們都全心努力，為了你設定的工作跟方向拚死拚活，因為權杖6就是有這種魅力，權杖6自己要先成功，其他跟隨者才會覺得自己跟著成功的可能。

【在各位置的牌義解析】

現況位：這張牌在狀況位就是大家都非常崇敬他，並且覺得權杖6足以定下整個團體的未來走向。這張牌在人前做得都很好，但不知道碰到外人會怎麼樣，因為權杖6需要有團隊支撐，如果形單影隻，他處理事情的能力不算太好，6這個數字就是群眾，權杖6在後面要有推手，才能得到他該有的肯定。

問題位：權杖6受眾人擁戴，但他常常會太在意別人的眼光，活在眾人眼光的陰影中，反而每一件事情都不是為了自己做的，所以我都說權杖6是「名美財虛」，因為6是為了眾人而存在的。

建議位：這張牌在建議位，是建議你壯大自己的聲勢，就算只是虛名，也一定要拿到手。另外就是追求團體內所有成員的支持，第一步是名氣，第二步才用名氣來垂釣該有的成果，名利、名利，要讓別人先信任你，利益才能隨之而來，所以先追求大家的認同是最重要的，等大家認同以後，就可以趁機讓大家為你真正的作品買單。

權杖7

牌圖是一個勇者站在上方，拿著一根權杖，做奮戰狀，下方有六根權杖，伸上來干擾他，但他無所畏懼，反而一夫當關，萬夫莫敵，表示他對自己有很大的信心，也的確不凡，所以再多人挑戰他，他都立於不敗之地。

7這個數字在6之後，6已經完美了，沒有其他要追求的了，那7為什麼要戰鬥？就是不滿足於現在，想要追求更精緻的完美境地，不是一切都「不錯」就好了。7是追求完美，所以遇到7，會對現況不滿足，一定要追求更高的境界，覺得自己還要更上一層樓。偶數是靜態，奇數是動態，所以7要從6出脫，從6的自我平衡，走向7的自我提升。加上是火元素，對自己的標準很高，所以會一直挑戰自己的不足

之處，試圖讓自己很完美，就算不是自己擅長的事，也要求自己要做到最好。

事業方面，他會挑戰不同的方向，而且每一次都會試新的方法，直到成功為止，把他努力的經過記錄下來，會是一本《挑戰大全》，因為他會試遍各種刁鑽的方式，直到戰勝為止。但大部分的人像那六根往上的權杖，雖然數目眾多，但始終處於下風，因為權杖7的努力跟天份，如果戰鬥次數夠多，一定會越來越成功。大多數人可能挑戰十次中贏了一、兩次，但很難每次都贏，而權杖7的戰鬥力不可小覷，如果權杖戰鬥次數越多，更會加深他贏的機會。

感情方面，權杖7不畏懼任何拒絕，也不接受任何否定，他會一而再，再而三的尋求對方認同，而且每一次都會開發出新的表達方式，因為他知道，重複一樣的行為，卻追求不同的結果，是很愚蠢的。7是精益求精，每一次都要比上一次更好，更能說服你。

【在各位置的牌義解析】

現況位：看起來贏面頗大，而且可以四兩撥千斤，雖然也有很大的力量，但如果只憑數量，一定是寡難敵眾，重點在技巧，才可以只憑一根權杖，打垮下方六根權杖。純熟的功夫跟經驗的累積，可以創下難得一見的記錄，而且因為戰績不錯，就更不能接受失敗，所以會是常勝將軍。

問題位：有種一頭熱的現象，雖然看起來樂觀，但把所有賭注押在一個獎品上，風險實在太大了。雖然從經驗來看，贏的概率居多，但「賭一把」是會形成一種習慣，就算之前贏了很多次，但如果變成一種習慣，那等到時運不濟時，就會吃大虧，還是多學些技巧，有贏面時再這樣全押，也可以規避風險。

建議位：不要只用蠻力，要研究怎麼以最小的力量，換取最大的成績。這樣以小搏大的成績多了，也會給他人留下深刻印象，如果他們想要小蝦米打大鯨魚，就會第一個想到你，而且一定願意出豐厚的酬勞，因為只要聘請一個人，就可以做整個團隊能做的工作。

權杖8

火元素的能量非常強大，8也是數字學中非常強大的數字，8的涵義是累積沉澱很久後形成的結晶，例如寶石、煤礦、石油之類的高產值經濟物品，所以火元素加上數字8，能量非常強勁，不是跑得很快，而是用飛的。我們看牌圖就知道，八根權杖在半空中穿越，要同時驅動八根權杖，就像要讓飛機航行在天空中一樣，需要強大的能量，速度太快的物品，也不能慢慢走，加速到一個程度，是必然會飛起來的，而且八根權杖還朝著同一個方向，看來同時到達的爆炸力也會很猛烈。

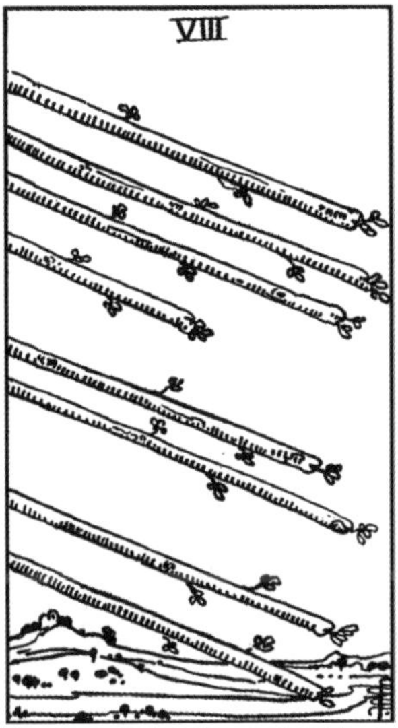

火元素加上8，形成的結果可能比擬汽油彈，會快速燃燒起來，而且摧毀力道也很可觀，所以權杖8出現，效果都是很壯觀的，而且快又

準，還很強烈。不管什麼事，在8的加持下都會擴大，但消極的風元素跟水元素，在8的影響下，就會加倍消極，就像無論什麼數字乘以0都是0一樣，怠惰的能量變強，只會加倍怠惰而已，不會有任何成長。

感情方面，代表這段感情來得很快，如果不合，去得也很快，但如果合，可能會變成閃電婚姻，就是在最短的時間內，成就最大的結果。好跟壞都很極端，但好的地方是很乾脆，不會拖泥帶水，因為來得快去得也快，快刀斬亂麻的感覺，無論是成是敗，都可以快速跳過，不用浪費時間浪費力氣，快點走向下一步。

事業方面，恭喜你，你一定可以在很短的時間之內，創造出大量的成就，或者是很驚人的成績，但如果失敗，燒掉的錢跟資源也很可觀。還好權杖8是很快就可以重新站起來的牌，在極短的時間內，會馬上滿血復活。

【在各位置的牌義解析】

現況位：這張牌的狀況是全力高速衝刺，志得意滿的狀況，而且成果也斐然。要實際形容就是「眼神都在發亮的高光期」，而且他一向覺得自己不可能輸！就算輸了，也要馬上爬起來，再戰下一回合，正是燃料加滿，贏向勝利的前奏曲，也是精神抖擻、渾身發亮的時刻。

問題位：這張牌在問題位是太過急躁，短時間內用了太大量的資源。如果結果不理想，損失就很慘重，賠光無所謂，更可怕的是還有外債，因為你把能押的都押上了，有些不是實際上的資源，例如支票、珠寶、房地產等，所以等於是挖空身家，如果贏了很富有，但輸了就後果不堪設想。

建議位：權杖8在建議位，就是在勸你資金趕快到位，成敗就看這一次了。雖然是做事業，但心態跟賭博還挺像的，很像做期貨，輸贏都是很大筆的，有可能贏得整個世界，也可能輸到落魄潦倒。這張牌也像難得的機會，未來就看這一次做得好或不好了。高木直子的書上寫道，有一次有人邀請她開個人畫展，她除了上班睡覺之外，其他時間都拿來畫畫，她告訴自己「如果有不得不努力的時候，那就是現在了」，我寫第一本書時，也有一樣的想法。

權杖9

9是九五至尊的一個數字，是個位數中最大的一個，再下來就是10，是兩位數裡面的0，所以理論上，9是最大的個位數字。我們會發現，9跟10的陽性元素（風跟火）都不是好牌，因為陽性元素是耗散結構，所以在一開始時能量最強，越到後面揮發得越多，陰性元素相反，陰性元素（水跟土）是質量，可以累積、保存，越到後面累積得越多，所以水跟土的9跟10號都是好牌。

我們看牌面，一個疲憊的人，頭上已經綁了繃帶，看起來雖然快要不支倒地，但還是撐著杖，做最後的防衛。任何人處在這種狀態下，都會想要投降，但他是倔強的火元素，所以就算只剩最後一口氣，也不想示弱。火元素加上9，有拚盡最後的感覺，雖然很虛弱，但仍然堅守崗位，這張牌也代表大勢已去，但保有最後的尊嚴。

事業方面，代表剩最後一口氣，但還是努力要用最後的資源翻身，至於成功與否，要看後面的牌，才能見分曉。這張牌的意志力，實在不可小覷，如果在資源充沛時，擁有這樣的衝勁，做什麼都會成功的，但到現在，這張牌象徵迴光返照，因為他已經用盡所有的力氣，沒辦法再撐下去了。

感情方面，通常是婚姻諮商也做了，兩方也努力改變了，但還是不能如願維持婚姻或戀情。問題出在火元素，因為火元素是主導性很強的元素，記得我說過嗎？火元素無法跟其他元素並存，自我的願望跟理想都太大了，誰都不能為了對方而改變，所以只能分道揚鑣，其實如果分開，兩邊不再互相抵觸，反而可以好好來往，尊重對方的人格。因為如果要跟火元素在一起，勢必成為它的燃料，或是熄滅它的東西，總之不可能兩者並存。

【在各位置的牌義解析】

現況位：這張牌在狀況位就像前面說的，失去一切優勢，只剩下自己用最後的武器，象徵性的防衛，但這種防衛也撐不了多久。如果要我建議，我會勸他用剩下的力氣，趕快替自己開拓新局面，因為再撐下去，也是把資源耗盡，而且到時會什麼都不剩，唯一的用途只能化作春泥更護花，但再也不能為自己做些什麼。

問題位：野心跟理想都還有，但資源跟力氣用盡了，有可能是年紀太大，有可能是連錢都沒有了，所以沒辦法獲取別人的信任跟贊助，但就算剩他一個人，他也還是想努力想繼續下去。但資源不夠，與其自己努力，不如到別人組織下方從頭開始，先把自己這口氣留住，再看看有沒有志同道合的人，可以一起努力。

建議位：這張牌在建議位，就是建議你從混亂的場面退出，看看自己的傷口跟資源，評估還能做些什麼，但到了這個地步，通常是沒辦法再做什麼了。這張牌的建議是，你把身上的資源都拿掉，看看自己還有什麼，這時候還留著的東西，就真的是你的一部分，不管再怎麼艱難，都不可能失去，這才是你真正的資源。

權杖10

10是畫一個圓到最後合上的那個地方，就是完成了，不會再走出這個圈之外。愛衝的火元素進入了10，所有的動力都被止住，大量情緒在被框在圈圈中，隨時可能爆炸，但又無處發作，就會變成自傷。因為10的能量理論上很大，但火元素不是累積型，而是揮發型元素，到了10，能量剩下一點點，但還是火元素，所以自傷的力道也不小。看看牌圖就知道，一個人被十根杖子壓住，沒有可以脫身的餘地，權杖9可以走掉就好，權杖10卻走不掉，所以自爆的機率非常大，就很像一個小小的地下室，卻安裝了炸掉一座城市份量的炸藥，受傷的程度自然非常嚴重。

如果我們抽到權杖10，不管碰到什麼事情，都會非常內耗，因為火元

素無法累積，所以累積越久，消散越多，10就是最後一步了。可以看到權杖10完全沒力氣了，但杖還是壓在他的身上，所以他承受了好幾倍的壓力，因為身體變弱，負擔卻變大，而且又走不掉，權杖10的壓力比其他三張10號牌都大多了。

感情方面，表示所有的感覺都不能表現出來，只能收在心裡，但愛越大，傷就越大，因為所有的力量都往內爆發，在外沒辦法看到愛的表現。雖然這張牌應該是火元素星座才對，但我覺得滿像天蠍座的，天蠍座在冥王星出現之前，也是火星掌管的，天蠍座就算不爆發，殺傷力還是很大，對人對己都一樣。

事業方面，代表撐到最後一步了，但這個最後一步還是力道很大，雖然力氣快用完了，但最後的爆發，後遺症還是不小，所以要小心的慢慢收尾。不要留下任何炸藥，小規模的多次釋放就好，就是不要用炸藥，多放幾次仙女棒就好。

【在各位置的牌義解析】

現況位：權杖10在狀況位就是牌圖的狀況，壓力很大，沒有去處，也不知道要向哪裡求助，只能等待爆發，還好已經到10了，所以爆發的威力也沒那麼大。但對一般人而言，還是有殺傷力，一般人的選擇通常是不要讓它爆發，但如果不爆發，相對的壓力也會很大，光是壓力就足以把人壓垮。

問題位：這張牌的問題很明顯，就是遇到事情都不解決，任由累積到10，問題本身不是燃料，而是「不解決」這個心理原因。如果這次解決了，但個性還是一樣逃避問題，下一次的爆炸還是會產生，所以大部分的問題就在於個性，重複的作為，卻希望產生不一樣的結果，是一種奢望。

建議位：這張牌很常被當成建議，因為壓抑是台灣人經常處理事情的方法，權杖10要求不要表露自己真正的情緒跟想法，要把這些東西都鎖在內心，但我們都知道這種方法用不了太久，就算不對事情產生影響，最後還是會影響到人，所以雖然是一般面對問題的方法，卻不是好辦法。

權杖侍者

這張牌的元素是火中之風，因為侍者是小孩子，學習能力特別強，所以侍者由風元素來代表。我們都知道，年紀越小，吸收能力越強，權杖是火元素，所以權杖侍者是火中之風。侍者的學習都是以行動來代表，特別喜歡自己動手試試，因為火元素是行動，火中之風就是用行動來學習。其實我覺得權杖侍者很像漫畫蠟筆小新裡的小新，會自己動手做很多東西，例如很多布偶裝，還很有超強的模仿能力，這些都要行動力很強，才有辦法做到；透過自己動手做，這些經驗也會刻在細胞裡，有細胞記憶，就可以重新複製這些行動，其實比言語跟書寫都更能加深印象。

這張牌的優點就是做了一次，就可以複製無數次，從此以後就復刻下來了，而且做出行動就會讓旁人看見，加強了你的決心。因為有風，就可以把火的速度加快。雖然火元素也是快速的元素，但風元素更快，兩個元素加起來，速度超驚人，所以這張權杖侍者學習能力也超強，重複幾次，就可以牢牢地記下來，雖然不永久記憶，但印象會很深刻，不太容易忘掉。因為火元素的記憶快速又深刻，風元素非常聰明，火+風元素的記憶力是「刻骨銘心」型的，而且速度很快，是速記的那種腦袋。

感情方面，權杖侍者的感情滿童真的，是比較歡樂跟分享經驗那一種，這張牌也是初次經驗的牌，所以印象都會很深，比較像初戀的感覺，因為經驗加入情緒，會特別容易被記住。我也覺得年輕時候一年的經驗，感覺比中年之後的十年都多，所以年紀比較大，有可能覺得十年二十年一下就過去了，但年輕時，就算只有半年，都會覺得好像半輩子那麼久。

事業方面，這張牌還是天真爛漫的狀態，所以還在學習，好的地方是學習能力非常強，所以不用多久就會做得很好。又因為年輕，或者相對年輕，身邊的人也願意給機會，所以他可以學習非常多事物，這就是「吸收」的過程。當權杖侍者出現，往往是學習能力跟機運都很強的時候。

【在各位置的牌義解析】

現況位：這張牌是一切都剛剛展開的時候，所以冒險心也很強，什麼沒見過的事情都願意嘗試，正在一切都很新奇的狀態，也願意投資時間跟金錢。雖然這張牌不是在很有錢的年紀，但他會付出可以付出的資源，也願意接受所有可能發生的狀況，因為權杖侍者的試錯能力很強，因為年紀小，就算錯了也有時間可以挽回。

問題位：這張牌的致命傷，就是經驗不多，所以很多事情都很陌生，但權杖侍者很有衝勁，就算跌倒受傷，也都不太害怕。這張牌有一股傻勁，不管遇到什麼事，都可以當成自己經驗的累積，但很容易被人利用，被人賣了還幫忙數鈔票，而且是周而復始，一直到年紀大一點醒過來為止。

建議位：這張牌非常天真，建議面對任何事，都不要帶有成見，要以全新的心態去面對，就算有不好的經驗，也再給自己一次機會，讓事情有轉機。因為在不同的時間裡，也許事情會有變化，不要讓一次的負面印象，讓你失去再次嘗試的機會，說不定下次的結果就不一樣。

權杖騎士

騎士是年輕人，血氣方剛。騎士的人格特質也是火元素，權杖也是火，權杖騎士就是火中之火，在一切都有目標的狀態下長大，年紀輕、充滿信心，所以凡事不加思索就決定好壞，而且認為自己都是對的。雖然寶劍騎士也很急躁，但風元素沒有既定的目標，所以會繞圈子走冤枉路，而權杖騎士目標明確，不會拐彎，所以權杖騎士比寶劍騎士更快到達目標。雖然寶劍騎士走的路比較多，但多數在亂闖跟迷路，權杖騎士比較知道自己要什麼，不太會亂走，權杖騎士是直挺挺地往目標衝。

權杖騎士不是多溫柔的男生或女生，比較像豪氣干雲的人，做什麼事都很直接，要就要，不要就不要，得到答案馬上反應，不會拖拖拉拉，

也不會做無謂的求情，就是一個很乾脆的「傢伙」。就算是女生，也一樣很豪爽，喜歡的人覺得跟他們相處很簡單，不喜歡的人就會覺得他們是頭腦簡單的單細胞生物，一點都不細膩。火中之火表現感情的方式是熱情如火，而不是細水長流的溫情，例如他們會送九百九十九朵玫瑰花，或是送一輛他自己很喜歡的車子或房子，有趣的是，他的禮物都是他自己很喜歡的，因為他太主觀，覺得自己喜歡的就是好東西，比較沒有想到其他人的感覺。

感情方面，他們信仰一見鍾情，一般男生常被詬病的地方，就是追到手後就退燒了，這也是火中之火的寫照。如果要火一直燒下去，一定是火焰要調小一點，讓助燃物不要那麼快燒完，所以跟他們談戀愛，要有熱情過後就冷淡下來的心理準備，而且不一定會回溫，只能常常重燃，才比較容易喚起他的熱情。

事業方面，他們很適合創業，或當業務員，因為他們有目標的時候，就不知道失敗是什麼，不管挫折多少次，馬上就可以放下，繼續為了目標再接再厲。缺點是不容易跟別人合作，除非這個人度量很大，火中之火不會記仇，而且很容易讓利，不是一個小氣的人。

【在各位置的牌義解析】

現況位：他很容易一見鍾情，或者是因為第一眼「感覺對了」，會做出可能很離譜的決定。所以他常常在趕時間，或者常常碰上緊急的狀況，因為他不喜歡閒下來，常常會沒事找事做，永遠都有任務在身。但如果時間久了，他們會不耐煩，馬上又去挑戰其他的事。

問題位：在問題位就是不會詳細分析，永遠靠直覺。雖然火中之火的動物性嗅覺很強，直覺也很準，但因為懶得思考，所以常常不容易發現背後的陷阱，因為一看到表面就太興奮了，馬上衝出去才不會讓獵物逃走。常常會碰上螳螂捕蟬，黃雀在後的狀況，他們很容易踏入不算高明的陷阱。

建議位：權杖騎士在建議位，就是你考慮太久了，快要錯過時機了，所以要當機立斷，得到就是得到，沒得到就算經驗，不管怎麼樣一定有所得。如果什麼都不做，就白白浪費了時間跟機運，不管結果怎麼樣，趕快做出決定吧！然後趕快行動！

權杖皇后

這是火中之水的牌，也就是有火的背景、水的人格，大家常說權杖皇后是女強人，也是，但火跟水都是感情元素，所以更鮮明的特質是很重感情，人很好，有點雞婆，很熱心，像一個大姐頭一樣。在工作方面，能力的確很強，但更重要的是願意做，不管是不是份內的事，她都願意撿起來做，而且很願意幫助別人，所以有她在的地方，因為願意自己做，也願意幫忙別人做，工作效率會很高。重點是工作氣氛會很好。權杖皇后是不喜歡別人不開心的人，所以會時時留意並且照顧到每個人的情緒，不管是男是女，都會是一個好同事、好夥伴，不管她在什麼位置，都很好相處。

權杖皇后性格的最大特色，就是很願意分享，有了什麼工作秘訣或心得，都不吝於分享給同事，所以人緣也很好，不管做什麼事，都有很多人願意幫手。她不管幫助多少人，都不會放在心上，大家就會更喜歡她，是那種做好事又不居功的人。如果權杖皇后是男人，會是個可靠又溫和的好男人，因為不管男生、女生，只要有負責任的特質，在社會上都很少，跟稀有動物一樣，大家都會很珍惜的。

感情方面，會保護對象，不論男女。如果是女生，會有姊弟戀的可能，因為常常會過度付出，忘記看兩個人在感情上的天秤是否平衡。不管是男是女，都常常會天真地付出，然後忘記對方其實對他不夠好這件事，常常落得一場空。

事業方面，是個工作能力極強的人，又願意幫同事，所以常常看起來工作愉快，但其實大部分事情都是自己一個人在做。但他大多時候不會計較，除非哪天發現自己位置最低，要他幫忙的其他人都高升了，才會開始覺得有點不對勁，但也不會想很久，很快又投入工作中，除非讓他很心寒，才會想到要計較。

【在各位置的牌義解析】

現況位：這張牌的狀況非常愉悅，覺得發生的事都是好事，每個人也都是好人，情緒是高昂而且穩定的，很討人喜歡。權杖皇后不像權杖國王那麼愛面子，比較在意別人對他的真心，以及有沒有覺得他很棒（笑）。看起來貴為皇后，應該是很受人尊敬的，但他不覺得別人有義務要尊敬自己，他覺得每個人都可以表現出自己真正的感受。

問題位：在問題位就是對別人的惡意太遲鈍。常常人家已經爬到頭上了，他還不知道發生什麼事，對別人的好意又放太大，明明是隨手之勞，也會記很久，而且一定要報答對方。這樣的個性帶來太多重擔，背了太多不應該背的人情債。真的很想請他自私一點，但他會覺得有能力的人本來就應該寬容一點，他喜歡當有能力的人（笑），我覺得也好，反正傻人有傻福。

建議位：這張牌在建議位，就是建議你不要太常跟別人斤斤計較，爭來的東西其實也沒那麼有用，常常付出反而會讓身邊的人際關係變好，在不知不覺中，大家的互動也會更好，對於自己反而更有利。通常權杖皇后不計較是因為「懶得計較」，不要為小事花費頭腦，就會比較著眼在大事上，對自己的未來更有利。

權杖國王

權杖國王就是火的出身，但是有土的人格，火的出身很明快，加上土又很謹慎，火跟土都很有目標，火是短期的目標，土是長期的目標，所以這張權杖國王就是短期長期都有自己的方向。成功的機率非常大，因為有直覺（火）又有耐心（土），抓到一個點就不會輕易放棄，因為土的特質，還會一直修正不足的地方，火的缺點是太莽撞，還好有土來補火的不足，土的缺點是太過緩慢，有時候會讓機會跑掉，但還好有火，雖然比純火慢一點，但沒有慢到讓機會溜掉的地步，而且又是土跟火的結合，所以這張牌對工作事業都很有利。我之前寫過，權杖國王是郭台銘牌，有霸氣（火）又有謀略（土），是商場上的一方之霸！土跟火都是積極元素，相

較於渙散元素的風跟水，對實質名聲跟財力是比較有幫助的。

名聲是火元素，因為火是光與熱，比較能吸引人們的注意力，土是實質的資源，比較能實際上運用跟分配。火跟土在名跟利方面，是相輔相成的，所以是世俗中，最重要的元素。

感情方面，不管是男是女，都是比較強勢的那一方，也比較有話語權。因為國王的年紀比較大，權杖的火元素又是主動的那一方，所以權杖國王掌握了主動權。如果是男生，就很大男人主義，但傳統上男性應該負的責任，他也會負起責任；如果是女性，事業規模以女性來說，會是比較少見的龐大。但如果是女性，我覺得肩上的責任比男人大，因為女人本身要負的責任就很大，一般來說，女人就算事業好，還是很常要負擔家裡的責任，所以女強人身上大多會背負雙重責任。至少在我們這一代大多數人是這樣。

事業方面，出現權杖國王，不管是男是女，都說得上事業非常成功，而且不只錢財，名氣也很大，是眾人的楷模，而且很有耐力，一旦說出的話，大多都會做到，所以在眾人眼裡也是表率！

【在各位置的牌義解析】

現況位：這張牌有名有錢，出社會後需要的東西，他大多都有了，他大部分的時間，就是去指導或帶領新一代年輕人。權杖國王因為愛面子，說出口的話，都是會做到的，因為他不想被別人說是說話不算話的人，對權杖國王來說，錢財雖然重要，但名聲也很重要，他不想要落話柄到他人手上。

問題位：這張牌的問題就是包袱太重，不管是實質上的責任，還是名聲上的周全，都不能有一絲不完整。他最痛恨的就是落人口舌，就算你其實沒辦法把他怎麼樣，但你可以想得到他做不到的事，光是這一點，就讓他很痛苦了。當然，落人口舌跟被別人拿走好處，不管是哪一種，都是權杖國王無法忍受的。

建議位：這張牌在建議位，那就非常辛苦了，因為要做到權杖國王的程度，幾乎等於在社會上已經成功了！所以你要擺平的事，在社會上算是很嚴重的事了，我建議簡單一點，如果你要做到權杖國王，那就要求自己在社會上成功，就等於你可以擺平所有的事了。

寶劍牌組

寶劍1

同樣的，寶劍1是純然的風元素，風元素是意識，意識一定會分裂，因為我們都在俗世之中。但意識還沒開始分裂時，有著極高的智慧，有著洞穿一切的眼光和洞悉世事的頭腦。風元素在還沒分裂時是很清明的，你會發現，除了寶劍1，其他的寶劍牌都不是太正面，就是因為人類的聰明才智，容易變成詭計多端，算計太過清楚，往往聰明反被聰明誤。人算不如天算，老天爺不要你自作聰明。

風元素也是陽性元素，跟火一樣屬於能量的耗散結構，為什麼聰

明呢？因為風元素是「訊息」，傳遞資訊，也能在任何空隙間遊走。風元素也是空氣，有傳播的特質（蜜蜂跟風都可以授粉），所以很多學問和知識透過風元素傳播。講話和腦波也是風元素的一環，跟火元素完全不同的是，風元素和土元素都比較冷靜、理性，不太帶感情，所以傳遞的只是知識，不會是感性的東西。

寶劍1因為聰明又有智慧（其他寶劍牌只是自作聰明，不太有智慧），所以人性看得很清楚，也往往可以判斷每個人的下一步，所以日常一點，很適合當分析師，如果玄學一點，可以當預言家。

感情方面，因為寶劍1看得太清楚了，往往不容易「陷入」愛情，我們都知道，愛情不是用談的，是用進入的，寶劍1太怕當笨蛋，當然就不容易談戀愛。他放下戒心的時候，通常都是到了「靈魂伴侶」的程度，所以我覺得寶劍1很像處女座，雖然寶劍系列是風元素不是土元素，平常對感情有潔癖，但突然某天就結婚了。

事業方面，寶劍1很像科學家，對於工作，擅長計算和分析，把自己的專長具體化，變成一種SOP，讓大家可以套用，所以是各種規矩的創建者。

【在各位置的牌義解析】

現況位：寶劍1在狀況位，代表現在什麼事都是清明的，沒有賭運氣或僥倖的成份，一切都清清楚楚的排列在你眼前。這種狀況下，你也沒有太多選擇，如果去做別的冒險，可能會出現的不好結果，你腦中都非常明確知道。對其他牌來說，因為不知道正確的路，才有了選擇的樂趣，但寶劍1只有一條路，雖然是正確的，但沒有過生活的樂趣。

問題位：就是未來太明確了，一旦發生意料外的事，就很有可能反應不過來，或者是預測出錯，因為把所有資源都押上去，承擔不了出錯的後果。而且，因為已經很確定自己的判斷，如果出錯，對自己的責備會格外嚴重，別人出錯改進就好了，但如果寶劍1出錯，可能會有很重的自我懷疑。

建議位：因為寶劍1是非常明確的未來，建議你相信自己，不要管其他選擇看起來多正確，相信自己的直覺。就算看起來很愚蠢，但最後事實會證明你的直覺是對的，因為這是你的經驗跟天份得出的答案。

寶劍2

寶劍2是風元素，風元素和火元素都是前進的陽性元素，但不同在於，火元素很專一，風元素永遠舉棋不定。寶劍2選擇了其中一邊，另一邊還是會陰魂不散，時時縈繞在他的腦海，所以對自己的選擇，也無法全心投入。權杖2和寶劍2都是面臨選擇，但權杖2的專注力比寶劍2強，也比較容易取得成就，寶劍2一直在猶豫，所以什麼事都做不好。

在不全心投入下，寶劍2其實做什麼決定都沒差，因為注定都不會成功，只是兩者都放不掉，也沒辦法真的得到，因為投入的心力都不夠多，沒辦法品味任何一邊的奧妙之處。權杖2因為做出了決定，並且可以把心力用在上面，至少其中一邊會有

所成就，寶劍2不但心力被分散，心態上也不健康，因為不想要失去，所以就是貪心了。就跟一個男人有大小老婆一樣，除非是皇帝，老婆們不敢造次，不然如果有兩個以上的女人爭搶一個男人，造成的風波會比享受多，所以寶劍2雖然兩邊都擁有，但帶來的苦惱，比好處多多了。

理論上，風元素的速度比較快，但因為火元素集中注意力，風元素不集中，所以實際上，火元素會比風元素更快到達目的地。「欲速則不達」講的就是寶劍系列的牌，也像龜兔賽跑的故事中，最終敗給烏龜的兔子，一旦分心，就很容易變成走不到終點的結局。寶劍2也是風元素面臨「分裂」的第一步，寶劍1本來很清明，什麼都知道，一旦開始什麼都想要，就會落入寶劍2的不知道該往哪裡走。人一旦有了選擇，就會開始失去初心，如果自己沒有專一的本事，就不要創造出太多選擇，不然苦惱比快樂多多了。

事業方面，可能沒有什麼專才，所以每個工作都沒辦法深入，也比較沒有晉升的機會，大多是是做誰都能做的工作，急需找一個專長定下來。

感情方面，不是眼前一亮人不好，是你不知道自己要什麼，隨波逐流，如果幸運遇到主見很強的人，你可以跟隨他的腳步，如果兩個人都沒想法，其實也不會怎樣，就當普通人就好。

【在各位置的牌義解析】

現況位：面臨選擇，但兩個選擇都不是一百分，各有優缺點，就是因為都不完美，所以會落入兩邊其實都不想要的困境。但因為時間逼近，例如女生的適婚期，一旦錯過會失去生小孩的最好時機，所以在不得不的狀況下，一定要選一個男人結婚。但在這種狀況下，就算做出選擇，後悔的機率也很高。

問題位：跟狀況一樣，因為不得不選擇，能選的都是不完美的，日後出現後悔的情況也很多。例如感情上可能因為生育年齡有期限，這是不可逆的，就算有可能後悔，還是要選下去，以後再來慢慢調整，看能不能完全磨合，但一定有遺憾的地方，看來要跟老一輩的人一樣，湊合過日子了。

建議位：因為兩邊的選擇都不夠好，所以寶劍2如果在這個位置，我要很大膽的建議，兩邊都放棄吧！恢復自由之身，就會出現更多選擇，而不是在一堆爛蘋果裡選一個比較不爛的。反正就算選擇了，以後也有可能被你自己推翻，不如趁早重新選擇，不要浪費自己的時間。

寶劍3

風元素有好有壞，但塔羅牌中的寶劍大部分都是負面涵義，3代表眾人，負面的眾人，就代表人多嘴雜，或是互相勾心鬥角，光從牌圖來看，一顆心上的三把劍，就知道帶給當事人多大的傷害。但風元素不是實體，所以不是物質上的侵犯，而是想法和言語的霸凌，是思想上的衝擊，所以不犯法，雖然有妨害名譽罪，但我們都知道很難成罪，因為認定的條件有很多限制，最算成罪了，也只是罰鍰而已，成不了太大的事。

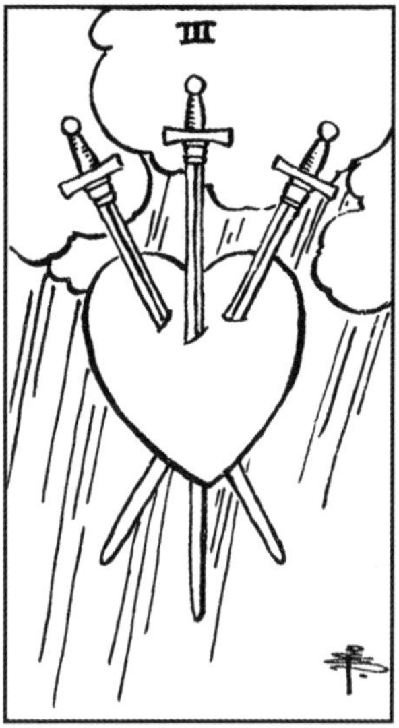

寶劍3帶來的傷害是無形的，對人的心理和人格有著莫大的影響。因為人格的傷害，當下看沒有任何傷痕，但對人的一生都留下痕跡。就像一個名人，你沒拿刀砍他，也沒有偷他的錢，只是造他的謠，他會寧可用很多錢來解決這件事，因為如果不好的風聲傳出去，對他的各方面都會造成很大的打擊。身體上的傷只要治療就好了，但人格的損害卻是全方位的，而且再怎麼澄清，都很難亡羊補牢的。

風元素是人格，帶來的傷害除了毀謗，也有背叛，而且一般是很親近的人，才有材料可以背叛你，所以帶來的傷害也大多了。信任上受的傷，比身體受傷痛多了，而且寶劍3通常是傷害已經成形，沒有挽救的餘地了，唯一的救贖只有時間。

雖然是後見之明，但唯一避免的方法，只有在做每件事之前，都確定大家的想法沒有衝突的地方，就算沒有達到共識，也要確定沒有人受傷。而且就算造成傷害，也要有降低傷害的解方，避免不可挽回的下場。除了講話，現在網路發達，用寫的可能比用講的更會造成傷害，也要多加避免。

事業方面，要找一些可能會讓自己有掙扎的工作，或是暫時性工作，工作可能是因為需要錢，所以要做不是自己理想的工作，但很大可能只是過渡期。

感情方面，這段感情有很多讓你不滿的地方，但可能不習慣沒人陪的日子，所以還是得過且過，但如果繼續下去，會讓你整個人生都扭曲，所以應該聽聽身邊人的建議。

【在各位置的牌義解析】

現況位：這張牌出現時，傷害通常已經造成了，而且結果還在不斷擴散中，通常人格上或心靈上受的傷，沒辦法彌補，也只能用物質來看看能不能補償一點點了。所以毀謗或妨害名譽的法律，也要用罰款來彌補，雖然對於受害者來說，錢幫不上什麼忙，但犯法者一定會覺得肉痛，能夠讓犯法的人不舒服，也是唯一能做的事了。

問題位：這張牌的問題就是，已經發生的事你是無法挽救的，而且造成的痛苦是長期的。對很多有名有錢的人來說，大部分的事都不會造成傷害，最有殺傷力的就是人格上的污衊，因為一般什麼都有的人，仰仗的就是他的人格和社會對他的評價，如果人格被抹煞，才是最大的傷害。

建議位：如果你要做一件沒把握，或是有違良心的事，你受不了這件事的誘惑，那就直接斬斷任何可以做這件事的方法。如果你想搶人男友，就乾脆直接不要跟男方接觸，如果你想剽竊他人的成果，就直接放棄跟這個圈子接觸的機會。雖然很不甘心，但可以避免你日後的其他災難。

寶劍4

風和水都很渙散，需要一個好容器來裝盛，但數字4太狹窄了，風和水連流動的空間都沒有，只能漸漸消散。風元素是思想，思想無法流動？這太驚悚了，風元素如果無法流動，我們就會變成言語無味的人，也沒有任何變通能力，碰到任何事都反應不過來，沒有一點應變能力的人，當然無法在社會上生存。

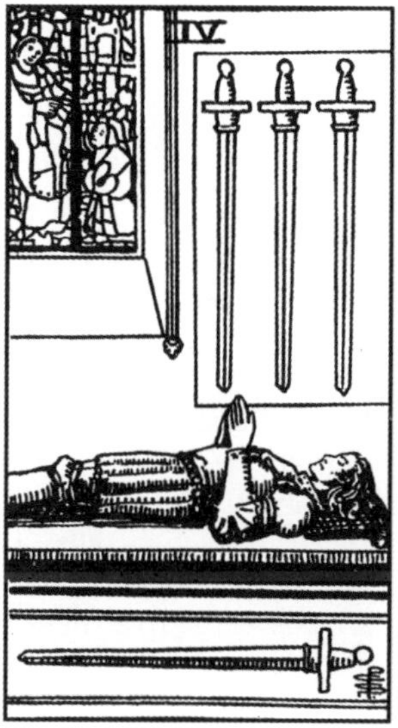

看看牌圖，主人翁不僅躺著，還化成石像，表示不只眼耳鼻喉，連感受都失去了，化成石像代表他的無感和冥頑不靈，不只無法接收任何感覺，也沒有能力做反應，就是行屍走肉。

事業方面，在職場遇到這種活死人的機會比其他場合多，為什麼？因為如果工作超出一個人的能力範圍，這個人很有可能「裝死」，裝死不就是這張牌具體化的形容詞？工作場合只要有一個這樣的人，一個就好，就可以讓整個團隊看起來很不專業，進而斷了所有進一步合作的可能，就算沒有真的搞砸事情，也會讓對方感覺很不用心，敷衍了事，要知道在工作上，犯什麼錯，都沒有不敬業來得讓人生氣。

感情方面，比較不容易遇到這樣的人，但如果遇到，這段感情就準備畫下句點了，因為有氣無力是最糟的，比明顯討厭你更糟，表示對方連裝都不想裝了，徹底的不尊重你，不管你怎麼想，他都不在乎了，隨便你吧！

如果對方不想結束？那反而更糟，代表你要拖著一個活死人過日子，他不負任何責任，一切都要你承擔，就算不高興，他也沒有任何反應，一副「你高興就好」的死樣子。但你又不能抱怨他，因為嚴格來說，他沒有對你做任何事，只是不理你而已，這不會造成任何身體傷害，心理上的傷是不能判刑的。

【在各位置的牌義解析】

現況位：就是我上面講的那些，我覺得比暴力還糟糕，因為如果出現暴力，表示他有意見想說，你只要跑掉就好了。但如果沒打你，而是沒有任何原因的冷淡，你反而不知道該如何出手，連指控他的原因聽起來都很勉強，因為具體來說，他什麼都沒做，但也就是「什麼都沒做」，讓人覺得不需要再跟他相處。

問題位：這張牌本身就是很大的問題了，你試試用這樣的態度，對待你身邊的任何人，一定沒有人受得了，他們寧可跟你大吵一架，或甚至打人，也不要這樣什麼都不表達。這種無視，比出手還要嚴重，是一種對人的徹底不尊重，這張牌是不願意溝通，覺得連跟你對話都浪費時間。

建議位：這張牌在建議位，就建議你裝死一下，對方找不到人可以互動，就一定會努力思考自己到底做了什麼事，因為不講話就是很大的抗議，或是這個態度代表讓雙方冷靜一下，有時讓子彈飛一會兒，真相就會無意中流露出來。如果是你遇到這樣的狀況，一定要思考，如果不是讓別人氣到極點，是不會出現這種態度的。

寶劍5

如果說權杖5是正面競爭，寶劍5就是負面競爭了，很像選舉，不是在比較誰更好，是互相攻擊，爭論誰比較差勁，每個人都在說對方貪污、有小三什麼的，對他們競爭的職務根本沒有清楚的論述，社會上也充滿這些負面新聞，年紀輕的人就容易覺得社會就是這樣，這些大人也沒得到報應，可見不是錯的，做一些不好的事也沒什麼，反正大家都一樣。

寶劍5的世界，是一個大染缸，外面烏煙瘴氣，只要一個不注意，就會被染得一身腥，所以在這個充滿牛鬼蛇神的世界，很難全身而退。其實我覺得比較能自保，又不會同流合汙的方法，就是了解這些人的行為模式，然後避開他們的算計，有時候像

臥底的警察一樣，可以適度的學習他們的手法。但大多數人沒有辦法保持自己的初心，還好寶劍5很聰明，因為風元素就是聰明的象徵，如果不夠聰明，連存活下去都難，而要保持聰明的地方在哪裡，就是在犯錯之後，記得自己要回到哪裡，社會面對浪子回頭，比起本來是好人、但一夕變黑的人，來得更寬容。

感情方面，這張牌很有可能要面臨「選爛蘋果」，只能選一個比較不爛的，我常常聽到有人問：「一個有錢但很醜，跟一個很帥卻沒錢的，你要選哪個？」我都回答：「我又不是明天就要死了，我不能等一個又有錢又帥的嗎？就算等不到，我不能不嫁嗎？現在都什麼年代了？」尤其寶劍5非常聰明，根本不需要屈就，只要別要笨就好了。

事業方面，這張牌常常會遇到有人使出「奧步」，逼得你不得不一樣用低級的手段回應。我的建議跟上面一樣，用奧步沒關係，記得浪子回頭就好，電視劇上一直都是好人，會讓人沒印象，反而浪子回頭是最受到大家喜愛的。

【在各位置的牌義解析】

現況位：你進入一個充滿心機和算計的地方，當然，可能你自己就是那個充滿心機跟算計的人。但我們寫書不能散播不良思想，所以我只能簡短的說：如果你是純真小白兔的敵人，可以想辦法改過向善，但如果你是小白兔，你可以修理他，因為寶劍5欺軟怕硬，或者你找一個靠山，他就知道惹你沒好處了。

問題位：這張牌本身就是問題，它是跟「正義的一方」對抗的「惡勢力」，也跟卡通裡的惡勢力一樣不夠聰明，雖然比起一般人是有點小聰明，但就是不夠聰明，才會常常做損人不利己的事，把自己的處境弄得非常糟糕。因為人不會笨一輩子，你也不會永遠比對方聰明，所以要運用聰明才智，讓自己慢慢轉正。

建議位：建議位出現這張牌，你可能因為常常遇到寶劍5的人，自己也不得不變成一樣的壞人。如果要對付寶劍5，得跟他「鬥智」，但你們的智商可能差不多，得拉攏跟你一樣處境的人一起對付他，寶劍5不是什麼勢力很大的牌，如果他發現犯了眾怒，就會收斂了。

寶劍6

一向很淒慘的寶劍牌，到寶劍6終於是比較溫和的狀況了，這張牌代表剛受完傷，正要去沒人知道的地方慢慢療傷，也趁機恢復自己的心力，是寶劍牌中難得有比較中性特質的牌，雖然說不上是好牌，但跟寶劍大部分的數字牌比起來，至少也算不上是壞牌。

寶劍6出現，我們可以猜得出大概剛受過什麼傷，需要找地方療傷，所以寶劍6就是一張有休息養生的地方的牌。

而且牌中的人連自己出發的力氣都沒有，需要另一個人來掌舵所以抽到這張牌，很需要外人的幫忙，不然他自己的勇氣和力氣是不夠的。也可以說，寶劍6目前處在很虛弱的狀況，需要大家來扶他一把，但要提防有心

人士等著補最後一刀，萬一被砍就真的很難恢復了。

抽到寶劍6，我通常心態不是高興，而是鬆了口氣，因為這張牌，表示最壞的狀況已經過去了，只要重建一個正確的模式，同樣的錯誤再犯的機會就很小，而且只有在失敗時，最能看到工作有哪些盲點，最有可能改過來，其實不算太壞。

感情方面，這張牌應該是剛分手或剛離婚，對異性的戒心還很強，目前處於一種對愛情很防備的狀態。請一定要撐半年到一年再開始談戀愛，因為如果太快投入另一段感情，可能會變成上一段感情的療癒劑，還沒真正認清楚對方的好，只是為了「需要」而談戀愛，這段感覺可能不是你真正需要的。

事業方面，可能剛剛搞砸一個案子，急著要成就另外一個工作，希望不要威信全失，但這個時候反而應該靜下心來，看看之前搞砸的案子是哪裡出錯，定出守則，不要再犯同樣的錯誤，然後整理心情，再去處理下一個案子，就可以避免重複的問題發生。

【在各位置的牌義解析】

現況位：寶劍6在狀況位，代表你上一件事已經明顯失敗了，接下來只是亡羊補牢。檢討上一次的失敗，盡量不要有下一次失敗，但最重要的不是避免失敗，是要重建你的信心，因為重建信心才是最重要的，你一旦失去自信，沒了信心，就會重複無數次失敗。

問題位：寶劍6在問題位，代表你在修復自己的路上，缺乏某些指引，你只能瞎子摸象，不斷的試錯，但不嚴重，這張牌只需要一點時間，只要穩定下來，恢復冷靜，狀況就會慢慢緩解，寶劍6的6是修復跟團結的意思，所以需要朋友給你一點建議，或帶著你走一段路，慢慢你自己會調適過來，馬上就可以自己上路了。

建議位：寶劍6在建議位，代表你前面的日子太好過，老天爺要挫挫你的銳氣，選個最不重要的地方，讓你看看世界的殘酷。但老實說，如果世界的殘酷只是寶劍6，那已經用掉不知道幾輪的好運了。寶劍6的建議就是要他看清事實，下一次不要再犯一樣的錯。

寶劍7

寶劍是風元素，風元素專門走捷徑，7代表想更上一層，所以結合起來，就是走旁門左道，講難聽一點，就是欺矇拐騙。輕微一點的話，就是誇飾一些事情，但不管有沒有說謊，講的都不能算是實話。

其實寶劍7非常聰明，但就是一個缺點：聰明反被聰明誤。聰明帶給他的麻煩，跟笨蛋帶給他的麻煩一樣多，因為聰明，講話就不謹慎，自以為怎麼講都對，但人家都在一旁觀看他對所有事情的反應，所以太滑溜的人容易露餡。

實力不夠又想更上一層，只能用最少的力氣做最多的事，最少的力氣就是說話，所以寶劍7什麼鬼話都說得出來，因為說話能花最少的力氣，成就最多的事。其實往好處想，寶劍

7的優點就是能鼓動人去做他想推動的事，所以很適合當主管，也很適合當心靈教練，信心喊話的那種，總之寶劍7很有煽動力，就像希特勒的演講，讓人什麼壞事都能做，還自以為天經地義一樣。

感情方面，這張牌就是「男人的嘴，騙人的鬼」，什麼話都講得出來，雖然不是故意說謊，但交往後，前後落差太大，難免會讓人覺得不老實。雖然不是刻意，但寶劍7太舌燦蓮花，他不是故意的，但對方真的會因為他講的話而墜入愛河，而且很容易不可自拔。我們都知道，愛情一開始可能是對方騙你，但久了後，變成你自己自欺欺人。

事業方面，很適合當公關，擁有能輕易說服他人的口才，跟貌似忠良的外表，加上非常誠懇的語氣，不管談什麼事，都能輕易說服別人達成他的要求。除了說服別人，達成好的人際關係，也很適合代表公司談判，他永遠能爭取最大的利益，拿到最好的條件。

【在各位置的牌義解析】

現況位：有件事情一定要動一點腦筋才能達成，但在道義方面過不去，所以陷入良心的掙扎。但是看起來這個方法最省時省力，只是一不小心，就會陷入兩難，如果不這樣做，會讓事情很難辦，但做了會有點良心不安，還不到違法的地步，只是自己心裡過不去而已。

問題位：雖然不到違法的程度，但在別人眼裡會觀感不好，對自己來說也挺麻煩的。說個謊可以省很多事，就像古早時候沒有匯款，不能用信件郵寄錢，弄個布娃娃，就可以夾帶鈔票，不容易被抓到，又很省事，但還是違反規定，雖然不至於違法。

建議位：常常建議很容易，但要做到很難，例如說建議別人聰明一點，但智商是天生的，又不是你叫他聰明一點，他的智商就會提高，如果是這樣，那我們從小被父母老師罵，應該每個人都ＩＱ一八〇了，其實我覺得聰明人用笨方法，笨蛋用聰明辦法是最好的。這張牌在建議位，建議採用前人的成功經驗，來當成自己的捷徑。

寶劍8

風是種很渙散的元素，8是大量，所以寶劍8就是大量不必要的思緒，輪流在腦中出現，分散你的心思，擾亂你的精神。因為風元素沒有重心，所以大量出現時，表示你的心神不在同一件事情上，也就是嚴重分心！

反之，如果是大量的火元素，火元素本身就很專心，如果是權杖8，代表耗費大量的心神去做一件事，但好的話收獲很大，壞的話損失慘重，因為不管勝或敗，

火元素只押一局。因為火元素沒有時間分心，頭腦也簡單，沒辦法想太多事，一次只能想一件事。如果是風元素，風跟火一樣，都是往前衝的陽性元素，但火元素只有一個目標，但風元素會看到很多目標，不知道要把心思花在哪一個目標上，就會分散精力

了，所以雖然風元素的行動比火元素快，但一直換來換去，反而是火元素先達到目標。

感情方面，抽到寶劍8就是腦中有很多雜訊，胡思亂想也很多，心中有太多不確定，所以不敢下定決心，所以遲遲不敢跨出第一步，但時間還是一樣過去，然後你卻完全沒有下一步，就是乾耗著在原地踏步而已。寶劍8不知道怎麼做才是正確的，所以就一直按兵不動，可能會讓對方覺得你是不喜歡他，還沒告白就被人停權了。

事業方面，寶劍8太優柔寡斷，不夠果斷，這樣也會讓無論同事、上司或客戶不滿意，覺得你不夠明快，一定難成大事。寶劍8的女子雖然眼睛和手都被矇住、綁住，但雙腳是自由的，離開現地也只能用腳，卻沒有勇氣離開，可能還怪罪外界。這就不太值得同情了，自己不走，難不成還要人抱著走？這張牌就是一個只等待天助，完全不知道可以自助的人。

【在各位置的牌義解析】

現況位：外界有一些你無法解決的問題，但問題就是要解決的，你的任務是要去突破問題，不是像現在一樣像個二愣子，去擔心我怎麼做，對方會怎樣怎樣，我如果用別的做法，對方又會怎樣怎樣；說不定你放手做了，他的反應不像你的預期，見招拆招才是好方式。

問題位：這張牌的問題就是想太多，想要把事情安排得完美之後才要出手，但事情如果不做，只在你的想像之中，就永遠沒有完美的時刻，太猶豫到旁觀者都看不下去了，有沒有問題要等做了以後才知道的。但可能是因為有眼罩，所以她不知道她的雙腳是自由的，如果願意動一動，就會知道前後沒有寶劍阻擋。

建議位：這張牌的建議就真的是相反了，因為這張牌的正位意義就點出了問題，我們本來就必須往相反的方向去做。這張牌表示你被太多的思考和經驗限制住，覺得一定沒有辦法逃離現況，但如果試一試，就會發現有解方，只是你看不到而已，你可以活動一下手腳，到時候解決難題的方式就自己出現了。

寶劍9

除了寶劍1，其他的風元素牌都是雜訊，因為雲就是遮住陽光的東西，讓你看不清楚真相，你看不到你正睡在床上，身邊一切都沒有反常，嚇到你的是你的噩夢，噩夢不是真實存在的東西，只是一種腦電波作用而已，如果你不願意，它對你就沒有實質的影響力。

寶劍9很簡單，就是雜訊（風）加上過多的數量（9），所以你的腦中，胡思亂想的東西比正常的思考多，這張牌象徵失眠、恐懼、焦慮，所以妄想過多。寶劍9一向很聰明，但他的聰明讓他覺得全世界都很危險，所以想保護自己，不然就是太過懦弱或是太過挑釁，總之不能正常過日子，每天杯弓蛇影，好頭腦都用在幻想上了。

感情方面，會無緣無故懷疑對方，出軌啦！要害自己啦！想要謀取財產啦！有趣的是，會這樣想的人，身上通常沒有什麼值得別人謀取的東西。我懷疑，他們只能靠這樣想替自己的臉上沾光，一副「全世界都要害我，因為我是很重要的人」，只能想像別人要害他們，來加強自己的重要性。真正喜歡他們的人，可能在他們眼中又太平凡了，沒有戲劇張力的人，他們是看不上的。

事業方面，抽到這張牌並不是好現象，因為太喜歡懷疑別人要害自己，但實際上你也沒有什麼東西可以讓別人謀求，大家只會覺得你神經兮兮，而且對誰都不友善。因為你的世界就是你自己的妄想放大版，這世界又不是鄉土劇，哪來那麼多爭產和謀殺？我通常覺得，這種人去當編劇很好，才不會浪費他腦子裡的胡思亂想，一般來說，腦子裡這麼多垃圾也不尋常，拿垃圾去換點錢吧！

【在各位置的牌義解析】

現況位：目前的狀況是你覺得自己四面楚歌，但別人看你，覺得你明明在好好的生活，遇到的困境不是現實上的，是你快要江郎才盡，或快要分手什麼的。雖然心裡很是困擾，但不至於對你的生存造成困境，但你可能擔憂到需要吃安眠藥才睡得著，雖然旁人不以為然，但就某方面來說，你真的是陷入困境中。

問題位：這張牌的問題是太過焦慮，所以沒時間想其他事，表示你腦袋裡的空間都被無謂的事佔滿，所以真正需要思考的事，你反而沒有時間考慮。腦力用錯地方，再怎麼想都是空轉，因為想的都是沒有意義的事。就像你去餐廳吃飯，我們應該想的是好不好吃，下次要不要再來，但你想的是，不知道等一下會不會有人來拿槍掃射，這真的是很浪費食物的一件事（星群在金牛的我生氣了）。

建議位：雖然這張牌通常是想太多，但如果情況真的兇險，也有表面看來一切如常，但處處危機的狀況；雖然看起來沒有什麼不對，但你還是要相信你的第六感，因為本來危險的事就不會讓人輕易察覺。但如果是一般人，大概也不會有什麼拿槍掃射的事，頂多就是誰誰誰分手，誰誰誰絕交了，但如果觀察力強，也會省掉很多麻煩。

寶劍10

風元素本來就很虛無，零乘以一千萬還是零，所以雖然有10，但風元素乘以10，到最後還是什麼都沒有。但那也好，因為寶劍牌的傷心、失落、雜念什麼的，也隨著十的引爆，全部化為一場空。我個人的想法是，寶劍牌已經放下了。

奧修禪卡雖然是奧修門徒所創，但我還是覺得用了韋特牌的模型，寶劍在奧修禪卡是雲，雲之九是阿難開悟前的一刻，也就是佛陀弟子中最聰明的，因為聰明就是風元素，太聰明就會反被聰明誤，沒辦法體會「空」的真義。所以大家紛紛悟道，只剩大家覺得最聰明的阿難沒有開悟，這就把阿難逼到盡頭了，他覺得什麼都沒有了，自己的修行是一場空，什麼都不剩了，就在這樣想的隔天早上，他反而就開悟了。

真的了解「空」是什麼樣的，才能了解佛陀的中心意義，因為阿難萬念俱灰，才能知道什麼是空，反而讓他知道佛陀要講的是什麼。在韋特的原義，最痛苦的時候是寶劍9，到寶劍10才是看開的那一刻，但奧修禪卡中，雲之九的最後一刻已經開悟了，雲之十是駱駝蛻變成小孩，什麼心機都沒有、一片純淨的孩童，但在韋特牌，10才開悟，所有的煩惱都消散了，只剩下遠方的曙光。

感情方面，代表已經談過很多戀愛，會看清戀愛不過就是這麼一回事。我在寫這一段時，剛好是言情小說女王瓊瑤過世時，這張牌等於我們看清了，我們需要愛情，但如果可以超越愛情，才不會被愛情綁架。寶劍10就是看清的那一刻，不是捨棄，是可以當成回憶，但回憶就只是回憶了，生命的前方還有更多更重要的事物。

事業方面，代表已經經歷過事業的輝煌，名聲和財富不是最重要的。從10開始的11，也就是二位數的第一宮，另一種重要就展開了，在占星學中，十一宮代表公益、博愛和正義。在我們上面的另一個維度，重要的確實不是個人的財富和名氣。

【在各位置的牌義解析】

現況位：寶劍10的牌面是一個人被十把劍插在地上，已經死透的感覺，看到這裡時，我們一定覺得一切都完了，但仔細看遠方，有朝陽的曙光漸漸出現，暗示代表最壞的時刻已經過去了，接下來就天亮了，昨天的一切就留給昨天，我們即將要開始全新的另一天。

問題位：這張牌在問題位，是你已經看清很多東西是你不需要的，但這些東西對於旁人可能還是很重要，所以你不能太早捨棄，因為這些事物不是你一個人的。就算你捨棄了，其他人還是需要它，所以這張牌的問題是，因為時候未到，你可能還得背著你已經不想背的重擔。

建議位：這張牌很適合當建議牌，因為它本身就是很適合去做的事，就是把一切繁雜的事物都放下，迎接新生的來到，雖然都是你不熟悉的事，但對於你都有很大的助益，新的永遠比舊的好，生命尤其是。

寶劍侍者

寶劍侍者一樣是成長中的孩子，但不像權杖侍者會親手做找出答案，寶劍侍者是風中之風，他尋求知識的方式，是查找前人的資料，例如百科全書之類。因為風中之風相信白紙黑字印出來的權威，吞下別人消化過後的資料，寶劍侍者覺得比較可靠，也因為寶劍侍者沒有足夠的信心自己做分析，他覺得有前輩背書過，比較可靠可信，所以寶劍侍者大部分的時間，都是吸收二手的知識。但寶劍侍者是風中之風，就像日本，不是原創者，但把別人發明的東西加以改良，變成同類型產品中最優秀的一件。寶劍侍者有辦法找到產品的盲點跟缺點，或者是還沒發現的缺點，然後加以改進，雖然不是原創，但大部分是同樣商品中最先進的。但侍者都是還在讓別人給機

會的階段，所以他通常不會是老闆，而是研發人員。

如果要找範例，他有點像多拉A夢中的出木杉，功課很好，能成為資優生是因為吸收跟分析資料能力很好，可以把別人的研究結果消化成自己可用的，百科全書跟圖書館是他們必備的武器。雖然現在有網路，但網路上的資訊大多是片斷的，比較少全面性的說法，所以對他們來說，資料還是不齊全。

感情方面，寶劍侍者對學識方面是早熟的，但對於感情是晚熟的，因為邏輯沒辦法拿來解讀人心。除非他研究過心理學，但就算研究過，也還不到高深的階段，但可以慢慢讀，擴充自己的資料庫，再過幾年就可能是寫心理學書的作者。但實際上玩弄人性，他還沒辦法，因為資料對他來說就是資料，可能要比較久的時間，才有辦法設身處地去運用。

事業方面，寶劍侍者最有可能的職業是研究生，或研究助理。他接手一個工作，就會開始投入研究，拆解所有可能性，然後可以就這個特質，研發出新的商品，或研發出新功能。

【在各位置的牌義解析】

現況位：寶劍侍者通常都小心翼翼，因為他們拿到資料後，都是要再研究的，看看有沒有其他的可能性，或者有沒有更好的做法，可以應用到其他地方，所以他永遠都在研究中。就算一個研究得到結果，馬上又要研究下一個東西，因為他喜歡解謎，每個工作對他來說，都有無限拓展的可能性。

問題位：這張牌的問題很明顯，他可以在研究室裡用試管和其他工具，做出高科技的研究，但對於最粗暴明顯的方法，往往會直覺式的跳過去。簡單粗暴是權杖侍者會用的方法，我們寶劍侍者既乾淨又細膩，才不會用這種大老粗的方法，但也失去了最直觀的方法，就要用上很多時間，還要經過很多會議，才能把結論定下來。

建議位：這張牌在建議位，就是要你多讀點書，或者去專業的機構上課，補充一點教科書的知識。如果自己已經擺弄很久，那就是這件事的問題，不是那麼簡單就可以看到盲點，必須比較看看專業的理論，看有沒有什麼你沒發現、卻顯而易見的問題。

寶劍騎士

寶劍騎士是風中之火，風很流動，而且沒有固定的方向，所以風的速度雖然比火快。但風元素沒有目標，到達終點的速度會比火元素慢，火元素雖然沒有風來得快速，但鎖定目標後就不會改變，是直線式的行進，會比東走西走的風元素快很多。風元素就像龜兔賽跑的兔子，風中之火是雙重陽性元素，速度很快，但風的成分沒有辦法專心，雖然也有火，但風跟火攪和在一起更急躁，所以往往會繞很久才回到正道上，這時候就會被別人搶先。風中之火第一個要學的東西是專心，不要一出發就馬上換方向，不然長此以往，連錢幣騎士都可以贏他，聖杯騎士跟他一樣目標渙散，應該是比寶劍騎士更慢，但贏過聖杯騎士沒什麼好得意的，因為聖杯騎士本來就

都讓著別人，贏過聖杯騎士不但沒什麼好得意，還會好像在欺負他。

寶劍騎士除了很衝動，做事莽撞，至少頭腦比權杖騎士好，就算速度沒有權杖騎士直接，但更會挑選目標。寶劍騎士的目標，通常更省力，也來得不費工夫，雖然比權杖騎士多浪費一點時間，但最後成就不會比權杖騎士小。風中之火不但有目標，雖然目標沒有權杖騎士那麼明確，另外還有腦力，所以他可以輕鬆很多。

感情方面，寶劍騎士說不上始亂終棄，因為常常剛認識，就被其他東西吸引走了，更多時候另一方會覺得他莫名其妙。不像權杖騎士，寶劍騎士往往還來不及讓人傷心就已經跑掉了，所以寶劍騎士的壞評價大多停留在亂放電而已，還沒來得及做什麼。

事業方面，寶劍騎士有衝勁又有大腦，但風中之火太過莽撞，喜歡他的人跟討厭他的人一樣多，所以拉力和阻力都很強。他的表現也時好時壞，完全看那時誰在他身邊，因為風的緣故，他對於自己要做什麼，在完全確定之前，都很容易受到別人左右。

【在各位置的牌義解析】

現況位：寶劍騎士是一種知道自己要什麼，但還不知道怎麼做的狀態。寶劍騎士很聰明，決策能力又強，缺點就是很容易被其他人影響，大概是耳根子軟吧！往往會做出不見得正確的決定，但因為年紀輕，還有補救的機會，當然也有可能年紀不輕，只是思想不成熟，這樣的人就很危險。

問題位：寶劍騎士的問題很簡單，就是衝太快，太過莽撞，還沒想清楚所有結果就貿然行動，造成不可挽回的後果。簡單說，就是年輕性子急，又好大喜功，因為聰明，就覺得自己做什麼都會成功，不尊重專業，也不尊重經驗，以為只憑自己的頭腦就可以萬事搞定，有點自大。

建議位：這張牌在建議位，就是教你動作要快，要搶得先機，等搶到機會，做事的方法可以再慢慢規劃。如果動作不快，就會失去機會，規劃得再好都沒用，先搶先贏。我爸爸也教過我，不一定要什麼都學會才能做一件事，有時候做做邊學，記得會更清楚。

寶劍皇后

寶劍皇后是風中之水，陽中之陰加純陰（水元素），所以寶劍皇后非常聰明，如果要我形容，很像林黛玉，聰明絕頂，卻身體不好，所以實際上沒辦法做什麼，就只能出一張嘴酸人。大家都以為林黛玉很柔弱，對他的印象就只停留在葬花的女子，忘記他還很聰明。是才女，如果才女沒辦法做大事，就會在嘴巴上占便宜。可惜古代的女人都沒條件做大事，所以這樣的女性，如果他想苛薄的話講話都很苛薄，因為除了講話，沒有其他發揮聰明才智的地方。當然如果是正面發展，講話就會非常聰明犀利，但在大家眼中，聰明犀利和尖酸刻薄，常常是一線之隔。

不僅會講話，思考也非常靈活，但不像表面上這麼冷漠，因為是風中

之水，畢竟有水，所以還是有迷惑的時候，還是有拿不定主義的時候，但表面上是風元素，又不肯認輸，所以很多深思後不會說出口的話，就這樣講出來了。我覺得寶劍皇后很像八字中的「傷官」，多才多藝又聰明，卻是一顆凶星，因為他會傷害好星「正官」，「傷官見官，為禍百端」，第二個官就是正官，正官在女性命盤是老公，古代女性以夫為天，傷官當然就不是什麼好詞，看來就是會忤逆丈夫。就像普通的丈夫，通常受不了老婆那張嘴！

感情方面，寶劍皇后不輕易流露自己的感覺，就算喜歡，也會裝成不在意的樣子，但如果對方真的沒注意到她，又會不高興，很矛盾。常常自己糾結半天，別人都不知道他怎麼了，所以通常只是讓自己內傷，沒什麼進展。

事業方面，寶劍皇后很適合當文案或作家，她才華洋溢，只是不外顯，所以適合在有保護傘的環境下創作，有人維護她的權益，才能不要管那麼多事，專心發揮自己的才華。寶劍皇后雖然看起來很強勢，但她可是風中之水，兩個都是渙散元素，所以也很難有能量。

【在各位置的牌義解析】

現況位：寶劍皇后在狀況位，是風中之水，代表完全沒進度，只是傳言跟放話而已，一切都還在想像中。講好聽點是計畫，但實現的可能性不高，除非磨練很久的時間，因為天分不過是天分，沒有磨練之前，都只算是一個特質。就像唱歌，在磨練之前，了不起唱唱KTV讓大家拍手，真的要靠唱歌吃飯，還有很長的路要走。

問題位：就是一般聰明女人常有的問題，給人壓迫感（不管男女），卻還沾沾自喜，覺得是自己的才華威脅到對方了。常常讓人不舒服，也常常口不擇言，因為太在乎自己的聰明才智有沒有被看到，所以忘記會不會得罪人，或者因為很聰明，就算得罪了也有方法圓回來，不過那是有發現時才有辦法圓回來，但沒發現的時候很多啊！

建議位：這張牌的建議是，就算你的能力不強，只要充分發揮，就可以擁有自己的一席之地，即使規模不大，但立基於此，後來還是可以慢慢擴大。寶劍皇后不缺天分，她缺的是努力，還有對別人眼光的信心（笑），有時候不要以為外界沒有識貨的人，他們都默默潛伏在各處。

寶劍國王

寶劍國王很有領導力，但不是領導公司或團體，而是領導一個時代，因為這張牌是風和土的組合，非常冷靜清晰。他也自認為非常客觀，我說「自認為」，不是說他不客觀，是我認為世界上沒有完全客觀的人，但在他的世界，他已經盡量客觀了，他的看法也是最接近真相的看法，因為他會排除各種主觀的可能性。這張牌大多不是公司的領導人或主管，比較接近「科學家」，是一個很超然的存在。但因為他很相信自己，會太過自我，堅信自己說的是真理，也很討人厭，他那種「我講的都是對的」的神態，雖然跟別人比起來更接近真相，但他不太相信別人，覺得別人的答案都是狗屁，一旦犯錯，很多人等著修理他，所以可能會很狼狽。加上他不會承認錯

誤，就會變得更難看了，一般而言，他犯錯的機率不高，也有他的支持者，很容易變成派別之爭。

我認為寶劍國王是十六張宮廷牌中最沒有感情的，因為風和土都是理性，沒有火和水的感情來調和，又要求自己理性，所以也排斥感性。這樣的行事風格，讓他覺得感性是弱點，會顯得愚蠢，所以覺得感性的人都是笨蛋，寶劍國王也很接近天才，只是也有天才的盲點，讓他很難看清自己。

感情方面，這張牌除了青春期，其他都沒什麼欲望，大部分時間他都能壓制他的荷爾蒙，即使要找配偶，也會要求自己要慎選，這種態度有幾個正常人可以接受？所以他的配偶都是粉絲，完全聽從他、伺候他，不管男女都是這樣。如果不是這樣的人，很快就會被他嚇跑。寶劍國王不是能挑起別人衝動的類型，所以在他身邊的人都很理性，不太會為了愛情而瘋狂。

事業方面，他是科學家，可以是半導體、通訊、醫學和工程方面的專家。但寶劍國王不太適合做業務，但適合做最後的決策，做生意中間的紛紛擾擾他不擅長，但他的方向和眼光很準確，像巴菲特的眼光通常都很準確。

【在各位置的牌義解析】

現況位：這張牌是完全理性，做決定不帶任何感情，一般來說，在生活中需要做決策時，才會處在這種狀況。或是要考試前的衝刺時間，必須心無旁鶩，全心投入眼前的事。寶劍國王的出現，就是要你專心，不可以有雜念，所有的玩樂和興趣需要先放下，除非考試的項目跟你的興趣有關。

問題位：寶劍國王的問題是太冷血，因為他不允許自己有情緒出現，必須客觀回答所有事，就像外科醫生開完刀回答家屬的問題時，不能哭也不能激動，要平靜述說事實，這樣的態度久了，自己的情緒就會長期處於壓抑的狀態，變成麻木。

建議位：這張牌的建議，就是要你盡量客觀，不要讓自己的情緒主導你的思想，平常有什麼想罵的都先放在一旁，只講自己的客觀想法，不要帶任何情緒或成見。因為目前的狀況，不允許你有自己的想法，可能會誤事，你講「事實」就好了，其他留給對方自己思考。

聖杯牌組

聖杯1

聖杯1是純粹的水元素，每一個象徵在1號牌，都是它最原始的本質，因為1很純粹，還沒有滲入任何雜質，所以可以表現出這個元素最全然的那一面。

水元素就是愛、慈悲、包容和支持，因為水元素是陰性元素，也就是被動元素，水和土都是陰性元素，也是物質元素，水跟土都是可以用手拿到，也可以保存的，陽性元素則是耗散元素，不是物質，陽性元素都是能量，相對於陽性元素，陰性元素就是物質。

聖杯1最明顯的特質表現在感情

方面，不管愛情、親情或友情，都是聖杯牌的管轄之內，因為是1，所以是最大愛的，母愛、人對子女寵物的愛，對宗教的愛，還有對喜歡的事物的真心熱愛，願意為他獻身的愛，都在聖杯1的代表範圍。因為這張牌是所有愛的發源，囊括所有大大小小的愛，1沒有經過分裂，所以沒有任何雜質。

水元素一多，不適合當上班族，只適合自己真心喜愛的事，因為如果不喜歡，水元素的惰性就會出現，因為水元素的負面特質，就是不負責任，提不起勁、精神渙散。但水元素的相反特質，也就是正面特質，就是全心全意投入，不在乎自身、只在乎在做的事，比較利他主義。

事業方面，如果是好的聖杯1，代表完全投入工作，就算錢少、就算無止盡的加班，就算付出和收獲不一致，這張牌還是義無反顧，消耗自己，只為了成就作品。

感情方面，如果問的是小情小愛，不太可能會出現這張牌，聖杯1是佈道者對神的愛、是母親對孩子的愛、是藝術家對創作的愛，是任何不要求回報的愛，戀愛還是有要求的，會要求對方回應你，會要求他跟你有一樣的感受，這些都有可能因愛生恨，就不純粹了。

【在各位置的牌義解析】

現況位：聖杯1是全然無私，這張牌的狀況就是毫無保留，全部奉獻，但這種狀況不是全贏，就是全輸，幾乎沒有折衷的可能，不是遇到一樣的付出，就是遭到全然的背叛，因為太大愛，一點點的愛對聖杯1來說，只能算是背叛，因為這份愛不是同等。

問題位：這張牌的問題很明顯，就是太不注重自己本身的平衡。我們喜歡佔別人便宜是天性，但如果對方沒有聖杯1這麼不設防，我們就沒有這個機會佔便宜，所以不防別人，就是給予別人做不好的事的機會，你自己也變成推動這個不平衡的一員，一樣是加害者的身份。

建議位：如果這張牌是建議，那麼事情很明顯，就是勸你不要再全心只為自己打算，要懂得放下自己，設身處地為他人想一想，有些時候要你放下自己可能不太公平，但最後你會發現，經由割捨，反而得到的比失去的多，這時候你會發現，施比受更有福，是一句真實的話。

聖杯2

2這個數字，遇到陽性元素就是面臨選擇，像火或風元素，只是選擇的方向不太一樣，但遇到與世無爭的陰性元素，就會以「整合」來做為最大目的。

水元素是沒有界限的，一貫以交流包容為重點，所以兩個水元素在一起，不會你爭我搶，而是非常自然的融合，而且因為本來兩者的同質性就很高，所以不太容易遇到不合的地方。水元素的力量不大，但可以連接，如果是兩個火元素出現，中間有一個聖杯2，就代表兩股火元素的力量可以綜合起來，或是兩股土元素的資源也可以綜合起來，因為水元素可以消除兩邊的界限，讓大家都形成一個整體。

事業方面，聖杯2沒有什麼大成就，但是人緣很好，職場上很快樂，

同事之間相處幾乎都很友好，一直都有暖暖的感覺，但彼此不會干涉太多，也就是這樣才能維持友好，但跟錢沒什麼緣分，是說也不會缺錢啦！

感情方面，聖杯2比較純情，水元素的感情很多，但2的階段還小，所以經驗不多。因為是水元素，很多人會覺得聖杯2也有肉體關係，其實也有可能，因為肉體關係不需要很深厚的認識，那是生理性的，被催動就可以成形，所以不需要有什麼深入的基礎。

聖杯2雖然沒有火元素和風素快速，但至少比土元素有行動力，所以聖杯組的牌，還是有在慢慢進展，不像土元素，需要靠自然界的行動來催生。我們都知道，自然界的行動都在不知不覺中發生，所以水元素的行動，不會快到我們可以感受到的速度，都是自然而然才慢慢發展到我們無法忽略的程度。

我一向把聖杯2視為年輕時期的「純純的愛」，因為只是單純的好感和喜歡，沒有經歷太多考驗，如果有考驗，可能就不存在了，所以我才會覺得是年輕人的愛。如果有年紀的人，感情抽到聖杯2，我覺得是很珍貴的，不是肉體之愛，也不是功名之愛，就是很純粹的喜愛，不用任何附加條件，這最美好了，不是嗎？

【在各位置的牌義解析】

現況位：剛認識時，一段完全互相不了解，也沒有要求的愛，雖然不踏實，卻很純粹。如果不是剛認識，就代表你們對對方的感覺，經過時間的考驗，一樣美好一樣真誠，如果時間久了還能如此，等時間更長，就會醞釀成為更好的結果，所以這張牌本身很美好，如果可以經過時間的考驗，就不只美好了，是非常完美。

問題位：聖杯2在問題位代表識人不清，用自己的想像去包裝眼前這個人，沒看清楚他的本質，而是和自己的幻想在談戀愛或工作。如果受到傷害，你會覺得對方捅你一刀，但實際上，他本來就是那樣，是你沒有認清他的本質而已，這張牌一直在美好的泡泡之中，除非受到打擊，不然很難醒過來。

建議位：聖杯2在建議位，表示要你保持樂觀，不要有太多猜忌，有時候人跟事就是這麼單純，不要給人附加太多預設立場，誤會別人不要緊，但讓自己的心思跟頭腦也被污染，甚至造成衝突，就得不償失了。如果養成不信任他人的習慣，對自己往後的人際跟社會經歷都有不好的影響。

聖杯3

聖杯3光看牌面就是一片歡樂，水元素是女性，3又是交流的意思，表示女性之間都是感情的來往，沒有任何敵意，因為陽性元素才會有敵意（純粹依元素來說），她們的交流純粹是善意，就是一片和樂融融的氣氛。

常常有人說聖杯3就是有第三者的意思，但我個人不同意，如果是這樣，那我們抽到4號牌，就是有小四囉？抽到10號牌，就是有第十者囉？如果要說有小三，如果是男性抽到聖杯3，如果是問感情，我覺得是他異性緣不錯，或是在女性很多的工作場所。如果就聖杯3的牌面跟「3」的涵意來說，是友誼的意思比較多。

感情方面，聖杯3比聖杯2還要開心，因為3是單數，比較有愉悅的

感覺，偶數通常比較靜態，聖杯2依前文來說，是默默的好感，不管是友誼還是愛慕之情，但聖杯3就會約出遊了。3這個數字非常愉快，本來就代表溝通跟交流，水元素也代表善意，三個水元素在一起，通常都是在慶祝，就算變成愛情，也是下一步，目前都還是友誼，當然啦！如果兩人處得來，通常是交往的第一步，聖杯3不見得是愛情，但很有可能是愛情的前奏曲。

事業方面，聖杯3可能成績普普，但團隊氣氛很好，很有向心力，也會互相扶持，很適合服務業，因為這個團隊給人一種安心的感覺，也很有療癒力。對我來說，我會很想進入這種團隊，因為這種團隊跟電視劇很像，大家都跟家人一樣，會為了彼此做任何事，也是互相可以「接住」對方。

說到財運，這張牌沒有很富有，但日子過得不錯，常常有聚會，日子也過得很滋潤，但沒什麼可以存下來的錢，可能要買一些保險或定存，會比較有保障，不然的話，聖杯3是今朝有酒今朝醉的即時行樂派。

【在各位置的牌義解析】

現況位：聖杯3在狀況位就是一片歡樂，所以每個人都沒什麼戒心，覺得全世界都是好人，但這樣很容易被攻擊，而且沒什麼還手的餘地，所以可能要加入新人，最好是疑神疑鬼的那種。大家不會討厭他，因為水元素不容易討厭別人，而且是無條件接納自己人，所以一旦有人多疑，團隊中的其他人都會覺得是有他的道理，會跟著戒心強起來。

問題位：這張牌的問題很明顯，跟狀況一樣，太沒有戒心了。工作能力還可以，但不懂得保護自己，很容易受人操弄，還有就是意志力不夠堅定，很容易被謠言影響。所有的聖杯牌都太過天真，覺得每個人說的都是對的，只要他不討厭你，你說什麼誇張的話，他都有可能相信。

建議位：要你的向心力強一點！，如果別人說什麼，建議你相信那個比較客觀的人，因為親近的人可能不是存心騙你，而是他自己也被騙了。如果你覺得自己容易被騙，就找一些理智的朋友，多跟他們在一起，因為你很容易被傳染，看看「理智」會不會感染到你，如果會，那可是一生受用無窮的喜事。

聖杯4

4是一個不適合渙散元素的數字，因為4就是密閉空間，風元素遇上4就覺得很沒精神，就像行屍走肉，一點力氣都提不起來，但水元素還有一些體力，還可以想東想西，只是不去做而已，就是懶洋洋，但可以幻想。水元素本來就是被動的陰性元素，所以跟風元素一樣，待在四面牆裡，水元素還比較安然，不過風元素是陽性元素，需要很大前進的空間，所以不適應的狀況更嚴重。

聖杯4雖然想很多，跟風元素一樣無力行動，但風元素是連思考都懶，水元素卻幻想得很高興，只是想到要付諸實行，又瞬間沒了力氣，只是一個講故事的人。可能性會被4限制住，就算有力氣，也逃不出原來的格局，就很像專制國家的國民，以為

自己生活很正常，但不知道在其他國家的人眼中，這樣是沒有人權的生活。也像天生有殘缺的人，在不知道外人是怎麼樣之前，以為全世界都是一樣的；或是眼睛看不見的人，不知道有視覺是什麼感受，所以沒什麼想爭取的東西，因為他們根本不知道自己缺少什麼。

感情方面，很容易動心，但在別人眼裡，聖杯4懶洋洋的，誠意不夠。這裡我沒有想幫他們說話，如果不想動，還是不要拖累別人好了，就像我常常看到有些情侶，男生躲在家裡打電動，女生就傻傻陪著他，忘記自己去體驗生活。聖杯4就是整天打電動，做不成其他事的人，如果電動不是他的專業，那他就是在浪費生命，不管是男是女，整天不做一點有意義的事，可以偶爾偷懶，但不能把整個生命都拿去「休閒」。

事業方面，聖杯4就是個冗員，沒有生產力，也沒有願景，就算要他做內勤，恐怕也不能勝任。企劃倒是可以，因為這個職位就是要有夢想的能力。但我覺得最好的企劃，要同時俱備業務能力，不然很難出頭，因為會幻想的人很多，但幻想之餘，也要先把事情做一半，如果可以輕易接手，大老闆也比較願意把資源丟出來。

【在各位置的牌義解析】

現況位：沒有什麼好說的，就是很懶。聖杯7也整天在幻想，但畢竟是7，會是對未來有願景，聖杯7只是想走捷徑，還會要求別人幫忙自己完成。聖杯4是什麼都不想做，但不做事，如果不是含著金湯匙出世，就很難在社會上生存下去，因為大家都沒有養別人的義務，除非能找到冤大頭，但聖杯4很不知道怎麼發揮自己的魅力，所以要找冤大頭也很難。

問題位：聖杯4本身就是最大的問題，如果交換立場，誰願意沒有間斷的扶持別人，為他人作嫁？聖杯4只會被當成吸血蟲，靠別人的養份生存。好處是，聖杯4連生氣都懶，他會覺得：不幫就不幫，我也不喜歡勉強別人，那就算了。但是「別人」可以全身而退，家人卻沒辦法。

建議位：聖杯4在建議位比較好理解，因為現代人大多太過努力，要適時讓自己放鬆，什麼都不想、不做，才會給自己再一次思考的空間和能量。或者一般來說，是塔羅牌看不下去你把自己逼得太緊才給這種建議，要你放空，讓自己有餘裕休息，才能儲備更進一步的力氣。

聖杯5

5是一個很愛比較，喜歡從中突顯自己的數字，陽性元素的權杖5、寶劍5都有競爭的意味，但陰性元素則會覺得自己是弱勢的那一方，也可以說比較沒自信。尤其是水元素，覺得別人都騎在自己頭上，所以聖杯5常常覺得失落和沮喪，但實際上他擁有的只是沒有他希望的那麼多，也不是什麼都沒有。看看牌圖，那人只看著倒掉的三個杯子，對於盛裝水的兩個完整的杯子，卻連看都不看一眼，就是典型的只看到自己失去的，沒看到自己擁有的。

聖杯5雖然擁有的不是他最想要的，但至少不是什麼都沒有，他應該學會轉化，把自己擁有的轉成可以對他有幫助的，不要一直守著原先的設定。只可惜雖然是水元素，但5把他

的變通能力都壓下去了，因為太急著跟別人比較，就有可能拿自己的短處去跟別人的長處比，那一定是怎麼比都輸。在托特牌裡，聖杯5是火星在天蠍，在古典占星中，火星是天蠍座的守護星，天蠍座本來欲望就很多，加上火星，就變成怎麼做都無法讓他滿意，就會讓他有「全世界都是欠他的」的錯覺。所以不論他自己和外人怎麼做，他都覺得不夠，永遠有毛病可以挑。

感情方面，抽到這張牌，更會讓他覺得對方虧待自己，因為聖杯5怎麼要都不夠，聖杯5的匱乏感太重又太深了，就算別人看他都覺得很好，他還是覺得自己損失很多東西，覺得自己不夠富足，所以會越要越多，直到逼走對方為止。人走了，又像是證明說：「世界上沒有人重視我。」就算只是他的妄想，他也會一直深信不疑。

事業方面，這種個性很快會把同事逼瘋，因為案子怎麼改，他都覺得沒有勝算，輸了就是「你們」害的，他自己已經盡力了，一樣，就算事情不是這樣，但他就是這樣認定，誰也改變不了他。

【在各位置的牌義解析】

現況位：只要這張牌出現，當事人一定覺得世界對自己不公平，不管他有沒有付出很多，他都覺得自己有資格過得比別人更好。水元素的戰力是很弱，但在妄想方面，水元素就比別人強很多，想像無邊無際，最可怕的是他還以為這就是事實。重點是他覺得別人「都是欠他的」，因為他本來就應該比別人得到更多。我是不知道他在想什麼，可能在他的幻想裡，他比全世界都優秀，或者付出很多，但都不是事實。

問題位：這張牌本身就是問題，他一直覺得自己理所當然要獲得一切，如果沒有得到，就是世界對不起他，他非常無辜。但你不要去試圖向他證明自己對他很好，因為那只會把你掏空，他一樣會覺得你對他不夠好，最好的方式就是，丟著不要管他，等他發現沒有觀眾了，就會正常起來，做自己的事了。火星在天蠍，終究還是怕死怕痛的，他不會真的自我毀滅的。

建議位：這張牌如果在建議位，就是建議自己可以自暴自棄一段時間，等到你受夠了，再也受不了自己時，就會開始恢復原狀了。因為這張牌的表演欲望太強，只要有人在旁邊，他的劇本就不會有完結篇，所以沒人聽他碎碎念時，他就會自動恢復正常。

聖杯6

水元素加上6，非常的溫情貼心，因為兩者都是與人為善，6非常注重團隊精神，水元素也很會釋放自己的善意，兩者混合在一起，就會讓一旁的人都覺得很暖心，牌圖上有一大一小兩個孩童，後面是象徵家的房子，兩人還拿著花交換，等於是互相送暖，更是團體中的善意與互助，如果在群體中抽到這張牌，代表一切都沒問題。

在公司內如果抽到這張牌，非常恭喜。公司是工作的場所，免不了爾虞我詐，要說起來，其實是大家都希望自己能表現很好，這樣一想，同輩就難免變成敵人，但這張牌是水元素，非常願意互相體貼，互相幫助，所以工作同仁，其實就像另一種家

人，公司就是一個很溫馨的大家庭。

如果是孤身一人抽到這張牌，表示會有很多陌生或熟悉的人來幫你一把，而且交情會持續下去，變成真正的朋友。在你身邊的人，不會讓你獨自面對一切，他們會覺得你的事就像他們自己的事，也許是他們天性純良，也許是你們有緣份，總之就是很意氣相投。

感情方面，代表有點太快就進入老夫老妻的狀態，不一樣的是，是充滿粉紅泡泡的老夫老妻，到街上手都會牽緊緊的那種，愛意溢於言表，真是一直到老都浪漫的那種，應該是很會經營兩個人的感情生活。

事業方面，代表工作上貴人很多，大家都無條件支持你，甚至犧牲自己的好處也在所不惜，讓你覺得上輩子是燒了什麼好香？現在如此幸運。你也會一樣想對別人好，這是一種善的循環，但要小心的是，因為工作上都遇到好人，可能讓你失去警戒心，哪天被人從被後捅一刀，還傻傻的幫對方數鈔票，聖杯6是很有可能這麼天真的。

【在各位置的牌義解析】

現況位：這張牌的狀況是一切都很順遂，就像許願一樣，很多人夢寐以求的機緣和資源都被你遇上，好好享受這一段日子。但也要記得防人之心不可無，因為一直在順境，就很容易怎麼死的都不知道，哪一天這段好運走完了，對你來說，現實就會變得殘酷無比，你要先把疫苗打好，免得遇到時沒有防備。

問題位：這張牌的問題就是心太軟了，對你來說，誰都有苦衷，都有逼不得已的時候，所以永遠都在體諒別人。但諷刺的是，等到你自己逼不得已時，得到的諒解卻沒有那麼多，或者雖然有人是善意的，但中間隔著很多惡意的人，讓你接收不到好意，所以絕望時，要相信人性本善，才能保有生存意志。

建議位：這張聖杯6是在建議你可能太負面了，多往好處想，沒有那麼多人針對你。除非你是有很多資源的人，大家搶著要，但如果是這樣，聖杯6的資源還不夠多，起碼要來個土元素，你才有必要這樣防備，放輕鬆一點，世界上雖然比較少遇到好人，但還是存在的，而且數量不少。

聖杯7

7是想要更上一層樓，突破自己的極限，但水元素沒有什麼衝勁和動力，就只能想一想，「幻想很豐滿，現實很骨感」。水元素遇到外在環境改變，就會跟著改變，隨波逐流，硬挺不起來，所以想要水元素堅持什麼，是癡人說夢。水元素最擅長的就是想像與跟隨，水元素是陰性元素，陰性元素通常不會主動，比較被動，所以很難開啟新局面。我們看看牌圖，想像出來的雲霧裡，有珠寶、有象徵勝利的桂冠、還有聰明的頭腦，這些並不是水元素不具備，水元素擁有各種潛力，但因為耐力不足，沒有實際累積，潛力終究是潛力，沒有變成實力。

數字7會打開更新的大門，但水元素在原來的局面都快守不住。這不是說水元素沒有優點，只是水的優點不是耐力。水元素的優點和風元素一樣，都是開發更多的創意跟夢想，水元素可以創作藝術品，風元素可以寫成企劃案，但缺少實作，這些夢想終究止步於想像。除非好到天才的程度，才可以轉瞬間讓創意實現，不至於流產，風元素和水元素必須搭上火元素，才有足夠的爆發力。

感情方面，這張牌的關鍵字就是「畫大餅」。他承諾的時候是真心的，沒有要騙你，他真的相信自己做得到，只是後來局勢改變太快，他被其他事吸引，所以無法堅持對你的承諾。如果你怪他，他會反而覺得自己委屈，因為水元素永遠覺得自己是弱者，他有誠意，如果不能做到，就會怪你要求太多，反正千錯萬錯都不是他的錯，都是你逼他的。事實上，他只要別說那麼多廢話就好了，但他又沒有其他地方可以吸引你，所以只好無止盡的開空頭支票。

事業方面，我覺得不用說太多，在工作上畫大餅不會比談戀愛畫大餅高明多少，一樣都是弄不清楚自己的斤兩，以為自己真的跟想像中一樣厲害。

【在各位置的牌義解析】

現況位：如果出現這張牌，你應該已經發現，自己的實力做不到自己承諾過的事，誠實認輸，承認自己還不成熟，還不夠高明，一點也不晚。繼續咬牙撐下去，只會被人恥笑而已，不如把心思收回自己的身上，找個有興趣有天份的事情，進修個幾年，把你吹噓過的事變成事實，就可以洗清以往的形象了。

問題位：在問題位就代表總是把事情想得太簡單，實際做時才發現不在自己的能力範圍之內，所以只能目瞪口呆，完全不知道如何收場。其實只要你不尷尬，尷尬的就會是別人……沒有啦！要好好改掉把事情想像得太天真的毛病，每件事情都不如表面看起來簡單，要去深究背後要下的功夫。

建議位：出現在建議位代表把每件事都想得太複雜，很多時候，如果不要想得那麼繁瑣，你會發現有很多簡化的方式。或者如果你想不出來簡化的方式，可以去問問有經驗的人，他們當初是怎麼做的，說不定就會發現新天地。我知道你覺得努力就可以克服一切，但有些時候真的不用太努力。

聖杯8

8是4的兩倍，所以跟4一樣，遇到風和水元素都不理想，遇到土和火這一類有目標的元素，8和4才有動力往前進。聖杯8也一樣，過多的水裝在八個杯子裡，圖中的人轉身正要離去，就是現況讓他覺得不滿足，所以要重新出發，追求另一個目標。至於新目標好不好？要看之後出現什麼牌才能斷定。我們每次要捨棄原有的累積，不管是好是壞，一定有人罵我們傻。另一群人鼓勵我們追求夢想，因為水元素本來能力就不是很強，可以累積到八個杯子，已經算是難能可貴，水元素要轉向，付出的代價本來就比其他元素高，所以這一次算是豪賭，輸或贏很重要。

一般來說，你會在意興闌珊時很容易抽到這張牌，尤其是想離職或分

手時，因為覺得未知的彼方好像更美好。如果你覺得現有的一切無法讓你留戀，所以想去新的路線，其實不管新路線好或不好我都贊成，因為不管結果如何，都是學到新的一課，如果新的路線不好，你會更甘於舊路線，如果新的選擇是對的，但你過去累積的也會變成你的養份，支持著你前進。

感情方面，可能是你之前眼界太狹窄，所以現在開始嚮往你得不到的東西，但總要得到後，你才知道沒得到的是好還是壞。感情事件不怕笨，就怕見識太少，總要好的壞的都看過，才知道你適合什麼樣的對象。

事業方面，可能你對日復一日的工作感到厭倦，也有可能你覺得自己有更大的潛能，所以很想去看看別的可能性。聖杯9非常美好，聖杯8就是少了一個杯子的聖杯牌，代表他要離去找尋的，可能就是第九個美好的杯子，如果遇到第九個杯子，一切都會變好，但等待聖杯9的也可能只是無聊的聖杯10（就我主觀來說啦）。

【在各位置的牌義解析】

現況位：處在一個什麼事都提不起勁的狀況，需要去開開新眼界，或學些沒試過的東西，學不學成是另外一回事，重點是要讓生活有些變化。這個變化的吉兇不知道，但就是不知道，才會引起你想試試的興趣，之後勝利或失敗，得到的感觸也更深，沒有白白度過的感覺，會有一種「不枉來世界走一遭」的安慰，至少你的旅程很豐盛。

問題位：這張牌很有趣，走或不走都是問題，如果選擇走，那你就要放棄到現在為止，累積下來的一切，如果不走，那你就失去了廣闊的未來的可能性，老的時候可能會後悔，這時就要看下一張牌暗示的是吉或兇，是好還是壞，可以給你很大的參考。我突然想到一句關於人生的話，我們來世上不是想要累積帶不走的東西，而且要累積誰都搶不走的經驗。（雖然我個人想累積的是財富）

建議位：這張牌在建議位非常簡單，就是要你離開現有的局面，去追求更新的天地。其他牌都會在動跟不動之間猶豫，這張如果是建議，那就是建議你走，走了之後更海闊天空，還會得到原來無法領會的思考模式。多看看，總是不吃虧的，頂多是賠掉一些時間，不礙事的。

聖杯9

大家抽到聖杯9都會很高興，因為都說這是張「心想事成」的牌，水元素本來就心情很好，何況是到了最高點的9，就是心情已經好到無以復加。但大家要注意，9這個數字跟1一樣，也是所有焦點集中在自己身上，因為9是把自我提升到某一個高度，快要可以掌握全體了。如果進了二位數，就會有更多人一起做事。9是個人化的最後一步，也是個人化的最高點。依我的解釋，如果談戀愛，聖杯9就像剛告白時，或者是結婚蜜月時期，都在幸福的最高點，之後就是10，漸漸邁向平淡的幸福，一樣很幸福，只是沒那麼亢奮。

雖然很幸福，但9代表是一個人的狀況。對於別人的感覺，不一定跟當事人一樣，所以在很嗨的時候，也

要注意身邊人的感覺，不要突然被分手，還搞不清楚是怎麼回事，聖杯9的幸福也沒辦法擴及到整體，要到聖杯10，才有本事帶著大家一起快樂。

感情方面，就像我說的，這張牌是最幸福的時候，也最容易忽略一些盲點，造成現在是最高點，但過一陣子走下坡，致命傷慢慢顯現。基本上如果有注意身邊人的感受，就不會走下坡，比較像「高原期」，就是一直很幸福，但停留在原地，不會上升，也不會走下坡。這已經是最好的現象了，因為下一張聖杯10，就是平穩的安定感，雖然比較沒有情緒波動，稍嫌無聊了一點。

事業方面，聖杯9因為是水元素，在工作上不算成績太好，但會有值得高興的事。可能是來自公司的福份，例如加薪、員工旅遊，簡單來說就是福利很好，類似企業體或公家機關，這張牌不是沒有後顧之憂，比較像生活很滿足，但沒有辦法讓身邊的人一樣運氣很好。

【在各位置的牌義解析】

現況位：這張牌出現時，你覺得自己處在最好的一刻，一切都很美好，世界看起來沒有任何缺點，而你身邊的人可能沒有那麼快樂。你的快樂很膨脹，雖然很滿，但禁不住打擊，只要拿針刺一下，你馬上會被其他人的冷漠刺傷，發現到原來只有你在自嗨。我的建議是不要管別人，如果願意就一起高興，如果不想的話，他不快樂也不是你的責任。

問題位：這張牌最大的問題是，專注在自己身上，沒辦法體會別人的傷感。這其實也不能怪他，誰會好好的去想那些不愉快的事？但在別人眼中，這就是漠視，雖然他也沒有正視的義務，但人在不高興時，本來就會想把別人拖下水，聖杯9已經算心臟很強了。其實他不容易被傳染悲觀，但別人看了會更不高興。

建議位：這張牌告訴你，你本來就不需要為別人的情緒負責，只要管好自己就好了。如果你快樂，那也能讓別人快樂，如果你不高興，別人也會跟著不高興。情緒是有傳染力的，如果你希望大家好好的，只能先示範，讓靠近你的人都被你感染。

聖杯10

水元素是美好的感情，不管友情、愛情、親情都可以納入水元素範圍內，水元素到了10，就已經非常飽滿，再也不缺了。如果不缺乏感情，整個人會很喜樂。但也有點無聊就是了，因為我們要是不缺乏感情，一切都不缺。如果你沒錢，缺乏的是滿足感；如果你沒有愛情，你缺乏的是被重視感；如果你沒有友情，那你缺乏的是認同感；所以說我們缺乏物質的任何東西，都可能轉化為缺乏某種感覺。聖杯10就是什麼感覺都不缺，不然就是物質上很富有，不然就是心靈上很富有。但如果什麼都不缺，就代表沒什麼要追求的了。「渴望」也是一種很必要的感覺，但聖杯10就扼殺了這種感覺（笑），除了這個渴望的感覺之外，其他感情跟感覺都是有的。

所以相對來說，我覺得聖杯9比聖杯10更美好，因為聖杯9只有他自己滿足，身邊還有很多正在追求某個事物的人，需要聖杯9的幫忙。而聖杯10是大家都很圓滿完美，已經不需要追求什麼事物了。看牌圖就知道，有伴有小孩有狗，幾乎感情的載體都在他們身邊了。如果一個人擁有這些，的確也不需要追求什麼了。

感情方面，我舉個例子，有次一對情侶抽牌，我叫他們隨意抽，女孩就抽了兩張，權杖4是男生，聖杯10是女生，我就說：「男生很想結婚，但女生不太想」，女生驚訝的問我怎麼知道？很簡單，因為她問的是感情的「現況」，現況就是戀愛中，權杖4的4只是代表基礎穩固，還想再往上，聖杯10覺得這樣已經很圓滿了，不用再往前了，所以男生想結婚，女生還不想。女生一直驚呼真的是這樣。

事業方面，也代表想要守住既有成就就好，不要退步就夠了，沒有要往上做大的野心，一樣，聖杯10很懶，覺得把事業做大很麻煩，剛剛那對情侶的例子也是覺得當媽媽當太太很麻煩。

【在各位置的牌義解析】

現況位：一切都很圓滿完美，找不到缺憾。但也因為找不到缺憾，依人性來說就會惹事，儘管看起來一切很和諧，但千萬要防備有人生事，因為人太閒了就會找事，所以越圓滿，越有可能遭遇破壞。防人之心不可無，就人性來說，看到圓的汽球，就是會想拿針戳一下。

問題位：因為太完美了，要讓它完美不下去很簡單，只要製造一點點瑕疵就好了，就算是很小的缺憾，也可以構不成「完美」的狀態，要不完美比完美容易多了，這就是它最大的缺點了，維持很難，要破壞很簡單。

建議位：如果是建議位，就代表現況是跟牌相反的狀態，如果要你很完美，就代表現在不完美，這張牌代表只要有一點點不完美的地方，就要趕快去修補，讓完美主義附身！

聖杯侍者

聖杯侍者是水中之風，兩個都是渙散元素，所以真的很幼稚，壞處是眼界不廣、看事情很單方向，好處是思考單純。如果年紀不大，通常心地善良，壞處是耳根子很軟、容易被影響，好處是容易聽得進勸告，也很願意改善自己，通常不會太固執，不管幾歲，都是個天真單純的人，但如果超過三十歲還是這種個性，反而容易被利用。但不管怎麼樣，他就是個很好相處的人，也願意聆聽別人說話，而且是很真心地聽，不是應付你的那種。容易被騙，也會在不自覺的狀態下，給別人做負面示範。所以小心，讓聖杯侍者死心塌地相信的人，通常要打個折扣，因為聖杯侍者本身就很好騙，要贏得他們的信任，不是什麼難事。他們對別人的評價，通常也不能太相

PAGE of CUPS.

信，如果是聖杯侍者認識的人，他們通常會戴上濾鏡，比較願意相信那些人優點，對不好的評價會本能地忽略，也是不忍心相信人有這麼不好的一面。

聖杯侍者沒什麼意志力，通常也容易被牽著鼻子走，性格和意志都薄弱到極點，難得的優點就是善良，但不知道是善良，還是搞不清楚狀況。總之他再怎麼長大，都不會進化成很複雜的人，要說謊也很容易被看穿，所以算是值得信任的人吧。

感情方面，聖杯侍者就是抱著單純的信念，談著純純的愛，完全不知道要怎麼偽裝，感情經驗豐富的人，通常很喜歡找這種對象，因為感情要這麼單純，可能已經是很久遠以前的事了。跟聖杯侍者相處，通常會讓人很懷念以往單純的自己。

事業方面，聖杯侍者很適合服務業，這個服務業範圍很大，包括八大行業之類的。聖杯侍者也是很好的牛郎，聽話，個性又溫和，所以可以做任何工作的入門人員，也是很好的新人，因為「聽命辦事」是他們的專長。有些藝術天分，挑衣服或飾品，或是布置房間，都是他們很好發揮的地方，也願意做錢不多的工作，因為他們總有辦法活得下去。

【在各位置的牌義解析】

現況位：這張牌的狀況高不成，但不會低不就，只要專心守住自己的範圍和專長，會有出頭的機會。不適和跟人競爭，比較適合選一個流派，然後投入，輔助別人，在他輔佐的人出頭時，也會跟著拉他一把。他也是有出頭的時候，不過因為聖杯侍者個性太溫和，真的不適合去跟別人廝殺，也砍不過別人，安安分分待在高位者給他的位置就好。

問題位：這張牌的問題就是不夠強硬，如果沒有別人提攜，真的是幹不了什麼大事。如果選對主子，因為他們沒有威脅性，通常也不太會被幹掉，可以平平安安活到老。就算有一些狀況，通常大家會相信他們不是主謀，因為平常天真爛漫的樣子太過深植人心了。

建議位：在建議位就是要你保持低調，永遠不要當出頭鳥，跟著大流走，就會有安身的地方。就算上司被幹掉，因為你很低調，也不太容易把帳算到你頭上，隨時可以另起爐灶，「明哲保身」是最重要的一種才華。

聖杯騎士

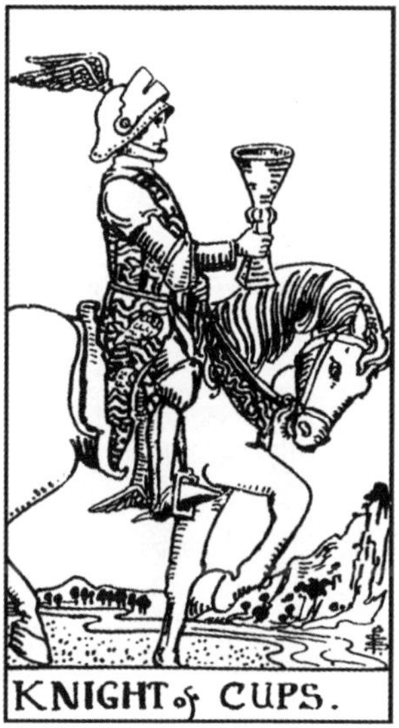

這張牌是水中之火，都是感情元素，理論上是巨蟹特質強，但也像很多人眼中的的天秤座，因為人見人愛，又非常紳士風度。在我的感覺裡，聖杯騎士不會隨便以為別人喜歡他，雖然他的確桃花很旺，但因為不自戀，給別人的好感度就會提升。他喜歡讓別人高興，也都做得到，當然就很受歡迎。一般來說外表打扮不錯，雖然不見得都是帥哥美女，但打扮清潔整齊得體，就很容易讓人對他印象不錯。說話又有禮貌，而且很注重他人的感受和想法，就是一個很體貼的人，就算沒有愛上他，也會對他評價很好。而且聖杯騎士很有是非觀念，雖然不見得衝動，但路見不平，也會說公道話，這種時候他就不怕得罪人了，還滿正義的，但他的態度很溫和，不管是旁觀者或當事人，都不會覺得被冒犯。很適合當公關，因為公關就是能夠說服人，又誰都不得罪，情商非常高，他很能同理別人的感受，讓人覺得被理解被接受，當然就受歡迎。這張聖杯騎士的綽號就是「白馬王子」，就我個人理解，符合大多數人對異性的要求，至少八十％的人會讓他過關，所以情聖之說，也是有原因的，但我覺得不是花心，他還滿有原則的，只是容易被誤會。

感情方面，不管男生還是女生都非常受歡迎，因為得體又理智，需要的時候也能拿出感性，等於是擺在哪裡都很受肯定。因為識相又懂得看臉色，還會講話，凡事都恰到好處，不該講的話不會講，該做的事會做，所以每個人都很容易就能接受他，發展成情侶或好友的可能性就很大。而且他其實不會很挑剔，只要人品不錯，大部分他都願意當朋友試試，也很容易進展到更深的程度。

事業方面，他很適合當門面，例如藝人代言人之類的，或也很適合當店員，他的人際關係很好，學東西也算抓得住重點，所以我覺得他做哪一型都可以，只要他想做，別人都很願意幫他。

【在各位置的牌義解析】

現況位：這張牌是周邊相關人際關係不錯，所以做事情有很大的助力，很容易成功，但如果要做大事，就不能靠笑容，而是靠實力了。因為聖杯騎士的人際魅力太強，可能會不願意花時間去努力，但他如果努力，是一定有收穫的。人緣好反而變成他的硬傷，因為太常靠臉吃飯，他會不知道努力能帶給他多少好處。

問題位：這張牌的問題就像上面說的，因為不太需要努力，所以不知道努力會有什麼效益。太習慣炒短線，如果哪一天人老色衰了（男女都一樣），他會覺得世界突然不友善了，而且也不知道問題出在哪裡，其實他面對的只是我們一般人在面對的世界，因為免疫力太低，就覺得全世界突然拋棄他。

建議位：這張牌就是建議你不要靠硬實力，偶爾奉承一下，多講點好聽的話，讓對方心情好，很多事都可以迎刃而解。這算是一種圓滑，有時當當眾人之間的潤滑劑也不錯，這樣可以省很多力氣，做事情也會更順暢。

聖杯皇后

聖杯皇后是水中之水，所以這張牌別名「聖母牌」，因為是水中之水，所以真的很聖母，不會拒絕別人的要求。但我也不怕他被別人利用，因為除了讓別人心裡好過之外，他也沒有特別出色的世俗能力，所以就算被利用，但一兩次過後，大家就會覺得還是不要利用他好了，自己做更快。聖杯皇后的優點是讓人覺得心安，也很會療癒內心的創傷，像媽祖般的存在，供著求心安，而且他的撫慰能力不輸心理治療師，只要有他在，大家都覺得凡事沒問題。錢幣皇后和權杖皇后也可以讓大家心安，但錢幣皇后和權杖皇后是因為有實力，聖杯皇后只是溫言軟語，就會讓大家覺得很安慰，事情就會自動自發做完。就像小孩摔倒受傷，錢幣皇后是趕快找藥，權杖皇后是讓小孩分心，不要一直注意受傷的事，聖杯皇后是說：「痛痛飛走了，不痛不痛。」很神奇，小孩子可能就真的不覺得痛了，這就是心理的作用。聖杯皇后的存在真的不容忽視，他很能穩定軍心，就像女明星去勞軍，跟軍人講講話，軍人可以忘掉平日操練的辛苦。

感情方面，聖杯皇后的類型很容易讓人喜歡，有粉絲問，他是不是海后？我說理論上不會故意是，但聖杯皇后很容易讓人誤會，一不小心，有可能被冠上這個稱號。聖杯皇后沒什麼拒絕人的勇氣，但事到臨頭的時候，他們會對自己很誠實，但別人會覺得是被耍了，所以他沒有要騙人的意思，但事情就變成這樣了。

事業方面，聖杯皇后很適合當神職人員，或是占卜師、催眠師等，因為他們比較擅長抽象的事物，太具體的反而做不好，因為太具體讓他不能放飛自我，沒辦法掌握事情的走向，所以安慰人最合適了。

【在各位置的牌義解析】

現況位：聖杯皇后代表一切都還在模糊中。如果問的是工作，代表還沒有確切的結果，如果要問愛情，就是正在發展中，最後會是什麼結果無法預料。因為水中之水太不明確了，代表什麼都有可能。因為水花會肆意流動，而且會跟著地貌走，會走到哪裡，變成什麼面貌也不知道。

問題位：這張不好的地方就是太不清晰，沒有一個具體的結論，所以要走下一步還太快，但很多人凡事喜歡先做準備，但這張牌的現況讓他們不知道怎麼準備下一步，而且可能性太多，所以這張牌連方向都沒有，所以會讓很多人不知所措，建議不管怎麼樣，先把方向抓出來，就可以比較有眉目了。

建議位：這張牌如果是建議，那就建議你不要太確定之後的方向，凡事留一點可能性，應付突發的狀況，有時模糊化會給自己爭取時間，好好想下一步要怎麼走，也可以幫助不想太早做決定的人，給自己留一點可以改變的時間。我一向主張不要太早立定志向，因為說不定未來的工作，不是現在的眼界可以看到的，現在做決定反而局限自己了。

聖杯國王

聖杯國王雖然是男性，不過是水中之土，水和土都是陰性元素，所以這張牌的男子氣概也沒那麼足。還好在現代的觀點，男性帶一點陰柔特質會更受歡迎。聖杯國王是四張國王牌裡最好相處的，雖然也是領袖，但他更接近「仁君」。聖杯國王以水為主體，附加扶持他人的土元素，所以很願意體恤和幫助別人，有可能當主管，卻反而把下屬的工作擔起來。溫和、善解人意，又可以伸出援手，算是四位國王中最適合當老公的。當然，如果聖杯國王代表的是女生，代表能扛起大部分的責任，又很能收拾善後，比一般的女性，多了可靠的感覺。

可以說聖杯國王是國王裡最溫柔的一個，但如果跟其他牌不能配合，就可能會有點娘，還好現代社會，

「娘」不是什麼嚴重的事。如果單純是聖杯國王，就是比較溫和、有同理心而已，我認識很多女生很喜歡有陰柔特質的男性，這樣的男生通常很體貼，也願意為了家人與朋友付出，不會太過看重事業，也願意把心力放在家人身上。

感情方面，代表兩人之間很能互相體諒跟包容。聖杯國王本來就是很有風度的人，加上他們本來就敏感，所以觀察力很強，很難不知道對方在想什麼，也很能體諒別人，是一個「暖男」。因為體諒別人，常常自願吃點虧，也要幫別人承擔一部分責任，如果是上司，不會是那種把大部分事情和罪責推給下屬的人，說起責任感，他反而比陽剛味很重的男人責任感還重。

事業方面，聖杯國王比較是藝術家，或專職照顧跟保護的人，也有可能是設計師。在職場上，因為善於人和，通常都能很勝任，整個團隊通常都是和樂融融，讓團隊和大家庭一樣，有回到家的感覺，也會大家一起解決麻煩，而不是推給單獨一個人。

【在各位置的牌義解析】

現況位：整個大局面很好，每個人都很友善，遇到事情也同心協力，基本上在人和方面沒問題。但實力方面，雖然聖杯國王本身實力不錯，但他太親力親為了，所以工作忙不過來，需要有助理性質的人在一起工作。但他很會分配任務，只是有時會不忍心看到下屬太累，所以會忍不住撿起來自己做，這樣在經濟效益方面是不划算的，因為薪水更高的人，有更重要的工作內容要做。

問題位：聖杯國王的問題就是心太軟，容易被人牽著鼻子走，決斷力也沒那麼足夠，常常會猶豫，會錯失良機。或者在利益方面，總是不忍心在價錢方面殺得太狠，想留給對方獲利空間。這樣其實也沒錯，但對別人心軟，就是對自己殘忍，聖杯國王常常把雙方的交情看得太重，不知道對方是不是一樣看重他們。

建議位：聖杯國王是「給人留一線，日後好相見」的信徒，因為不喜歡把路走死，就會處處給人留餘地。這種個性有好有壞，既然在建議位，當然是這種個性會帶來的好處，因為誰都不知道你一時的善舉，之後是不是有人會記住，進而投桃報李，所以處處留一線是必要的。

錢幣牌組

錢幣1

錢幣1是全然的土元素，1這個數字代表「開始」，所以只代表「種子」，以後會成長、開花、結果，擁有豐盛的未來，但現在需要的是騰出空間，讓它有盛開的可能。土元素的速度不快，但1這個數字，會讓它有成長的動力，所以好結果是指日可待的。

土元素跟風元素一樣是理性元素，但土元素的速度慢很多，要一步一步來，看起來吃虧，但因為在路上的時間比較長，可以注意的事情也比較多，所以土元素是細心周全的代表。在火元素、風元素搶著趕路的時

候，土元素可以有更多餘裕，把事情做到完美。

事業方面，其實土元素本身適合傳統產業，從基層做起，這些經驗也是錢幣1一路到了錢幣10，就會坐上高位所需要的經驗值。不是傳統產業也可以，但錢幣1最好的路線是吸收經驗，經歷多一點事情，因為錢幣1是很年輕的土，沒有經驗，頭腦在一開始也不是很快，所以只能用時間來換取，這是它吃虧的地方，就慢慢累積。

感情方面，錢幣1是很好的感情對象，雖然年輕，但心智成熟、有耐心，願意吸收改進，也不會有了成就就忘了舊人，因為土元素的本性，讓他喜歡舊有的東西和人，這樣就不用花時間去適應。

土元素喜歡用「慣性跟本能反應」去面對事情，這樣就不用培養新的反應和技能，這也是他在一家公司可以待這麼久的原因。別人都受不了重複，但土元素愛死了重複，而且因為是1，有很多新東西要學，如果每天學新東西，加上本來學會的也會變動，錢幣1的腦袋會承受不住。土元素本來就有智慧而不聰明，加上數字1很年輕，也沒有經驗，讓他慢慢學習，他一定可以拿出成果讓大家看。

【在各位置的牌義解析】

現況位：錢幣1跟寶劍1一樣，所有的資源都攤在你眼前，但不同的是，寶劍1比較是未來的，錢幣1比較是過去的。土元素很重視舊有的經驗和資源，錢幣1因為是一開始的土元素，需要的是慢慢累積，不再追求全新的未來，因為錢幣1珍惜任何既有的事物。

問題位：錢幣1在問題位，很簡單，土元素固執己見，但1的經驗又不夠多，不足以說服他人，而且樣子也不夠聰明，口才沒有很好，唯一會讓人讚賞的地方就是「肯吃苦」，但現在社會追求速成，所以錢幣1不是很吃香，雖然錢幣1是會走到最後的人，但時間未到，別人也看不到他的成就。

建議位：這張牌的建議顯而易見，就是要有耐心，讓該出現的事物出現，一切讓結果說話，勝過千言萬語。很多時候，顯示結果需要時間，如果時間未到，我們再怎麼努力，都沒辦法讓人遙望以後的成果。我們也只能祈禱，其他不看好的人，不要來礙事就夠了。

錢幣2

土元素是非常具體的元素，不太可能無視界限，2是兩種完全不一樣的存在，如果是水元素，聖杯2可以很輕鬆的混合兩者，變成一加一等於二，但土元素沒辦法合一，因為實體太過堅硬，無法融合，只能並存。但在並存的同時，又各有各的作用，變成一種交互影響，所以通常都是互助比較多，因為土元素是陰性元素，沒有什麼攻擊性，不然會像兩個陽性元素，有互別苗頭的現象產生。

土元素錢幣是四張2裡面，唯一沒有被同化、也沒有分岐的一個元素。土元素和水元素的共同點，就是寬容，但水元素的寬容是走向結合，土元素的寬容則是互相允許對方的存在，互相不干擾，卻又在需要的時候可以互相挺對方一把。

如果要互相幫助，必須擁有不一樣的特質，就像如果要幫助窮人，首先不能跟他一樣窮，不然就什麼忙也幫不上。錢幣2就是擁有兩種具體而不一樣的特質，才能在其中一方欠缺時，適時提出自己擁有、對方卻缺乏的資源。

事業方面，錢幣2可以是貴人，但一定要你對他有好處，他就會來協助你，算是某種程度的互助。在工作上，這張牌再好不過，因為牌圖上的兩枚錢幣組成無限大的符號，表示在互相合作下，帶來的效益大到無法計算。這時就是一加一大於二了，因為通常可以產生化學作用，跟一加一等於二的物理作用不一樣，如果物理作用是加法，化學作用就是乘法。就像一個商人，他的對象如果是法律人，就可以利用彼此的專長，可以官商勾結了……喔不！是等於生意裡多了一個法律顧問，放大商業上的效益。或者是醫生和護士的組合，兩個人職位不同，但在同一個圈子裡，可以彼此配合，拯救很多生命。

感情方面，是兩者很互補的感情模式，而且隨著默契增加，可能隨之帶動身邊的人事物，是一張一加一大於二的牌。

【在各位置的牌義解析】

現況位：這是非常好的狀況，就是魚幫水，水幫魚，兩邊都可以運用自己的長處，把雙方一起推向高峰，也可以彌補對方的不足，讓拼圖更完整，才能用一個完整的階段，變成更高階段的樓梯。這個無限大符號像鏡中鏡一樣，可以層層疊疊的累積出更大的成就，我最喜歡在財運抽到這張牌，因為不只代表有錢，還有錢的配備，比如說名聲，或者影響力，也一應俱全。

問題位：這張牌在問題位，代表累積的麻煩也很大，不是單一個人或單一單位可以解決的事，因為錯綜複雜，牽扯的單位太多，一時半刻也釐清不了，需要很長的時間和很多人力，慢慢抽絲剝繭，才能讓問題明朗化，也才能順利解決。

建議位：如果在建議位，就是要找到跟你專長、特質不一樣的人，從他的觀點檢視你正在做的事，有助於釐清你的盲點，看到你沒看到的更大格局，不只可以解決目前的問題，也有助於你開拓更高的視野，取得更高一層的成就，或是發現一個你從未想到的新世界。

錢幣3

土元素本來就很愛工作，如果是一個團隊，「忠誠」絕對是他們的優點，他們會堅守自己的崗位，不會輕易離開或分心。如果說這張牌有什麼缺點，就是他們沒有「整體觀」，看事情比較深入，但容易看不到全貌，因為深度要是夠深，那廣度就不夠，錢幣3就是深度夠，但沒什麼廣度的類型。

事業方面，「三」是最小團隊的人數，所以土元素3號牌，就代表一個團隊，而且土元素和火元素是工作元素。如果要說工作類型，土元素像是傳統產業和政府，像工廠的一個部門，或者像公務員。土元素如果不是老闆，就是很基層，地位不管低或高，都是團隊中不可或缺的一員。（最有可能是閒人的，大多是風元素和水元素）

感情方面，錢幣3通常是相親，然後按部就班的完婚，生孩子、買車、買房。錢幣3的人生都不會太過出奇，就是穩穩的，照一般人的步驟和順序過人生。

在財運方面，錢幣3也是可以存錢的類型，也有可能存錢致富，但「3」這個數字還太早，所以才剛開始存錢，數目也不會很大，但假以時日，至少會是中產階級，或再給他一點點機運，就有可能變成實業家。

不管是人生，還是愛情、工作，這張牌都有點無聊，但無聊的好處是什麼？就是也不會很戲劇化，也不會突然出現什麼困難和打擊，如果我們要寫故事，為了襯托未來的成功，一定要把他們的初期寫得很慘，但錢幣3本來就不是戲劇化，就穩穩的過一生，慢慢成功就好了。

【在各位置的牌義解析】

現況位：錢幣3的狀態很平穩，很努力，也很投入，基本上他假以時日，就會有一番成績。如果你擔心自己的成就不大，可以放心，因為代表你投入的時間還不夠，再等一段時間，時候到了，結果就會出來了。如果是別人，有付出還不一定有收獲，但你是普通人，照普通的常理，你付出了，就會看到收獲，這是普通人的好處。

問題位：這張牌的問題是，太局限在自己的地方。對正在從事的工作非常專精，但對於周邊的事都不太了解，以後如果要轉換跑道，會有難以適應的問題。要解決這種問題，就多學一些可以當副業的才能，給自己留一條退路。因為普通人在快退休的時候，因為薪水太高，通常會被逼提早退休，所以要先準備好，以備不時之需。

建議位：這張牌的建議是把你的範圍縮小，專心致力的學習一件事。建議位出現錢幣3，代表你之前的方向太亂了，也太分散了，需要重新找回專注力。錢幣3的認真就是對所屬團隊付出，他會全心全意為了這個團隊的需要，達成任何事情。

錢幣4

土元素跟４，幾乎等於是同義詞，好處是非常牢固，壞處就是大家都說這張牌是「守財奴」。如果人生一路平順，守財奴當然不是什麼好聽的字眼，但如果一生漂泊，零零落落，那錢幣４可是難得的安穩，表示終於定下來了，如果沒有什麼莫名其妙的意外襲來，至少可以衣食無憂。

如果牌陣裡前面幾張出現的牌是不好的火和土元素，那錢幣４猶如自找死路，

往牛角尖裡鑽，有難以掙脫的限制，格局也越來越小。但如果前面的牌是不好的風和水元素，才出現錢幣４，反而可喜可賀，代表之前缺乏的，現在都充足了，而且可以維持好一段時間。所以我不贊成把這張牌歸類在「壞」牌，你看他身後有多少房子和

土地，你看看他頭上的皇冠，頭上腳下和懷裡抱的錢，他的資源超多，只是不懂得運用而已，最慘也不過是「富不過三代」，但他自己此生要溫飽，是絕對不成問題的，只是格局不夠大，算不了什麼。不好的地方是，如果他有「遠大」的夢想，可能要追逐很久，甚至一輩子無法如願，但如果他甘心當平凡人，那他已經比八成的人類都過得舒服。

事業方面，就跟前面說的差不多，如果是傳統產業，他的資源和公司的經驗以及客戶，都可以讓他無憂了，但如果想要到新科技事業，一切都要重頭開始，以前的思維都不管用了，現在稀奇的是發明和創新，這剛好是錢幣4最不擅長的地方。

感情方面，門當戶對會比較順利，如果要自由戀愛，在一般人眼中，他不夠討喜，不夠會說話，在「追求對象」上是很不利的。一般來說，很適合相親，因為相親考慮的就是社會價值的保障，愛情什麼的，是不現實的人在注重的事。

【在各位置的牌義解析】

現況位：好處是完全不用擔心資源和錢，有得是，他需要擔心的是頭腦，這個人非常僵化，思想也不懂得變通，所以常常考慮太久，讓機會錯過，自己只懂得守舊。但除了錢之外，他的優勢是（我不說優點，因為真的就只是優勢，社會賦予他的），有很多經驗的老人，運用自己的人生經驗跟智慧，幫助他走得比較順利，如果有富爸爸，那更是這張牌的代表。

問題位：這張牌的問題很明顯，就是想法和手段已經老化，現在沒有人吃這一套了。如果再不追求變化和創新，很快就會被社會淘汰，但不論如何，他不太可能落到社會的底層，因為前人給他的庇蔭太多了，讓他不懂得進步，只會吃老本，下一代如果跟他一樣頭腦不懂變通，又沒有強力的富爸爸當靠山，那社會階層下滑是必然的事。

建議位：這張牌在建議位，就是要你保守一點，凡事多留點退路，免得有一天，沒有臺階可下。通常建議會出現錢幣4，代表你之前太大手大腳，對資源太大方，沒有「守住」的概念，所以這時要亡羊補牢，讓損失減到最低，預留未來的退路，就算要下台，也不能淪落到更低的地方。

錢幣5

這張牌裡，兩個類似乞丐的人，穿著破爛，腳又受傷，天公還不做美，冰天雪地更加深他們行走的難度。數字5就是當你走進生活，一切都充滿挑戰，錢幣5是土元素，陽性元素遇到5，只是企圖要取勝，陰性元素的土和水遇到5，就是聖杯5和錢幣5，通常不是競爭，而是裝可憐，想要證明自己值得活下去。但數字5本來就不弱，真的要搶起來時，示弱和退讓就是他們的武器，陰性元素的5最擅長的就是以退為進。

牌中有一個轉機，就是教堂的窗戶，錢幣5只是一時疏忽，忘記自己有上帝，錢幣5不用出太多力氣，只要給點時間，眼前的瓶頸很快就會過去。風雪不是真的讓他們留在原地不能前進，而是耽誤一點時間，讓他們

慢慢前進，反而可以看到更多風景。前進得太快，反而看不到旁邊有什麼，一下就衝到終點是很無聊的，而且不看周邊的景色，反而會不知道應該防備什麼。

錢幣5最大的好處，就是把局勢看得很清楚，知道自己目前輸在哪裡，也不會貿然前進，因為知道現在不適合，現在最適合的是休息養生，養精蓄銳，才能撐到接下來的挑戰。

感情方面，錢幣5不太受歡迎，因為抱怨太多。表面充滿自信的人比較可愛，也不會有太多負面情緒，對方會有信心可以一起熬過去，如果現在的局勢對你不利，最好不要怨天尤人，就算裝也要裝得很樂觀，至少讓陪著你的人心情好一點。

事業方面，是指碰到瓶頸，還有很多時間要熬，但瓶頸過去，終究會熬出頭，所以最需要的是耐心。不吹噓自己，也不打壓別人，土元素代表實際，你就把心力放在工作上，等待以後的時機，不要打壞自己的形象。

【在各位置的牌義解析】

現況位：這張牌表示評斷你的時機不對，目前正是你最落魄的時候，但這不是你的真正實力，你還在累積。現在評斷你，對你很不公平，每個人都有時運不濟的時候，現在就是運氣不好的時候，但如果運氣不好，你還能努力做到還不錯，那有眼光的人，就會期待你正常發揮的時候。

問題位：在問題位是指，目前處於命運低點，你正在度難關，但如果從前有把自己實力養好，現在正是可以看出實力的時候。只要是金子，在哪裡都會發光，在困境時，只要努力做到不要太黯淡，就足以證明自己了，所以要保有自己的亮度，情況越黑暗，發的光越不用太亮，就可以被看到了。

建議位：這張牌建議我們在困境中不要放棄希望，還是跟平常一樣盡力，成就再小也沒關係，剛好讓人看到你沒有掉下去，就已經足以證明你的實力了。最好的建議就是撐下去，春天再不久就會到了，這張牌代表就是走中晚年運。時機只是未到，但不是不會到。

錢幣6

這張牌因為牌圖，很多人都往施捨的方向解讀，但我不是這樣看的，不管有錢人或窮人，都是社會中的一份子，企業提供商品，人民拿錢向企業買商品，然後企業再提供工作機會，我不會想成施捨，而是社會的正常面貌。企業主有大家想要的金錢，員工有企業缺少的時間和能力，如果失去任何一方，社會就沒辦法運轉，雖然大家認為窮人和富人是對立的，但其實在社會運作上，任一方都不能缺少，因為財富的不同，每個人都是不同的消費群，能養活不同的企業，所以缺少誰都不行。

雖然是物資的交換，但因為6是群體的互助，團體當中還是有很多溫暖的，只是可能不是用講話或擁抱來表達，而且像東方人一樣，每天

互相問候，像是「吃飽了沒？」「要不要一起吃飯？」這類的句子來表達對彼此的關心。對我這種現實的人來說，這種問候還比較實惠，如果互相請吃飯，就更實惠了，講一千次我愛你，都沒有請吃一頓飯來得誠懇。

感情方面，代表你們成長的背景和價值觀都相似，不見得愛到死去活來，但一定能一起生活得很好。我很信奉一件事，婚姻要長久，你和對方一定要是互相認同的，就算不結婚，也可以當朋友。對我來說，如果要一輩子跟一個人住在一起，他一定要是我最好的朋友，如果是好朋友，我不會因為熟悉而怠慢，他如果很累，或是有金錢問題，我也不會埋怨，而是想方法一起渡過這個階段，因為如果整天愛來愛去，我就會覺得，如果他愛我，為什麼不能幫我怎樣怎樣，就會生起怨恨之心。

事業方面，是合作無間的夥伴，了解彼此的需要，也能擁有對方沒有的能力，在必要時，很能幫上一把，感情可能不是非常好，而是互相不能沒有彼此。

【在各位置的牌義解析】

現況位：兩個人互相需要，也能互助，與其說是好朋友，不如說是「共生關係」，如果少了任何一方，這段關係就無法持續，對雙方都是損失。我覺得感情的親密，不如務實的需要，關係更會長久。因為大家都會想避免損失，就會盡量不要撕破臉，就算拆夥，也還能客客氣氣。

問題位：這張牌的問題，就是太現實，兩方都是互相需要，雖然很好，但如果缺少一點真心，一旦不需要對方時，就會頭也不回的離開。即使不是戀愛關係，沒有負心的問題，但一下就翻臉走人，也比較不講道義，不管真的假的，至少要遺憾一下吧？

建議位：靠感情太不穩固，建議要用實際上的事物，來維繫你們之間的關係，就可以順理成章一直綁在一起。例如說婚姻或孩子，不管是哪一樣，都是讓雙方不能隨便就走人的東西，不然就是合約。老實說，在我眼裡，婚姻也是合約的一種，載明權利和義務，不管是誰，都不能隨便違反。

錢幣7

土元素是耐力很強的元素，加上數字7要打開新局面，土元素願意慢慢等到最佳的時間，因為牌面上長了七個錢幣，他正在思考要如何長出第八個錢幣，必須思考之前做對或做錯哪些事，修改做錯的，把對的行為更進一步，找出更佳的方式，這樣第八個錢幣就會催生出來。錢幣7表示，最佳的方式就是耐心，等到更好的天氣、更充足的雨水，跟最好的時節來臨，這些都需要耐心，慢慢等到時機成熟。因緣俱足，一切就會顯現。

數字7已經等待很久，但等待不是白費的，等待的過程中，出現更新的手法、更好的肥料、更精準的天氣因應，一切都在慢慢改善，不是時間到了，才突然一切都改變，是在不斷精進中，慢慢累積果實的成熟度、樹

幹樹枝的強健，消滅害蟲，才有最後美好的局面。

感情方面，這張牌是認識很久的人，慢慢在改進自己，也打磨對方，直到有一天，兩個人都到了最好的程度，這時不用求婚什麼的，兩個人就已經離不開彼此。而且因為前面投資太多時間，就算不完全適合，因為沉沒成本已經花下去了，也沒時間重新找對象。如果要重新適應一個人，太耗費時間了，說是要磨合，但其實也沒有新的選擇了，所以正式關係確定後，就將就著過吧！雖然一副無奈的口氣，但這種夫婦往往是很幸福的，因為能夠包容不好的，珍惜好的地方，不知不覺，一生也就過完了（為什麼我講起來很消極，明明不是壞事）。

事業方面，這張牌代表從學校的科系到進入的職場，都是同一個領域，而且因為資深，研究出來的成果也不少，不只是勝任，更給產業帶來很多新氣象，產業的傳統也更深一層的生根。錢幣7和錢幣8，適合傳統產業或傳統技藝。

【在各位置的牌義解析】

現況位：這張牌是耐心等待的意思。我有個朋友是生物研究員，他說這份工作要有超強的信心和耐心，因為實驗不知道結果會如何，也不知道要多久，只能一直記錄。依我看來，完全是在碰運氣。除了土元素，不知道誰有這種耐心，還要不氣不急，穩步前進，真的需要很強韌的意志力。

問題位：這張牌太有耐心，或說是太順服天意，如果有成果，這種耐心是不錯，但如果沒有成果，就是太浪費時間。土元素又是講不聽的人，一旦決定，沒有人能讓他改變心意，所以往往耗費太多不必要的時間，錯過新機會，一直在等不可能實現的未知。

建議位：這張牌在建議位，代表你太急了，有些事等待的耐心越夠，熟成的機率越高，不只是成熟而已，而是滋味更香甜。就跟香蕉一樣，熟了是可以吃，但多放一兩天，風味會更佳，我沒有要宣傳吃香蕉的時機，是想要強調耐心的重要（笑）。

錢幣8

錢幣8的牌面是一位精益求精的工匠，作品完成後，還在仔細修磨和改善。匠人跟一般工作人員是不一樣的，匠人對於自己的作品，有很大的信心和要求，可能是要掛他的名字面世，所以他會對作品一而再、再而三的改版。我在唱片圈時跟日本團隊工作過，我老闆說日本人謹慎的程度，根本就是神經病！但成果的品質也讓每個掛名的人都很驕傲。

這張牌的精細程度，跟一般師傅不能比，就像精密的工業用螺絲，差一公釐就差了幾個世界，火箭可能因為半公釐的誤差就發射失敗。最能代表這張牌的職業，就是瑞士的鐘錶匠，手藝和心思都無比細膩，要把失敗的可能性降到幾近沒有。

感情方面，這張牌主角的樣子看了就令人很倒彈（臺語的讓人無法接受）。如果把心力全部投入事業，得到的可能只有獎章、獎狀……還有獎金，這是他的配偶唯一可以忍受這些事的原因。如果把這種細細磨圓的工作態度拿來經營婚姻，就是最完美的婚姻了，記住，婚姻、愛情和工作都需要經營，只是不同階段，需要經營的項目都不同，努力沒有錯，但要記得不同時間的經營重點不一樣，才不會想要什麼就失去什麼。

事業方面，這張牌有著日本人的神經病，要注意的、不用注意的，他全都注意到了。我想起從前工作時，光一張桌子擺在那裡，日本人就搭配不同的燈光，重新擺放有上百次！主角還沒入鏡喔！還好我不是重要人物，不然可能會拍桌子說不錄了。我最後沒爬到太高的位置，真的就是我不適合，如果能當匠人的老闆，肯定可以處理世界上最難的事了。

【在各位置的牌義解析】

現況位：現在的狀況就是主要人物正在品管中，他的標準非常嚴格。也可以是學生在考試，或職人在接受測試，或一群人正在面臨被炒或留下的局面，每個人都要小心翼翼，不能出任何錯。因為標準比你的實力高很多，要有足夠的好運，才能通過測驗。

問題位：這張牌的問題很簡單，在人方面，就是太過無趣，一點陪伴的時間都沒有，報酬則是他的收入和名聲，你就是做為配偶與有榮焉罷了。但他的光環都是他一個人的，沾光的事是帶不走的，所以留在他身邊有兩種可能性，一種是真的很愛他，一種是生命中沒有別的事好做。

建議位：這張牌開門見山，就是要你努力努力再努力，用盡一切精力。你的老婆如果有別的事要做，也不會嫁給你這樣的人，她如果放下一切跟隨你，那就是她沒有什麼重要的事要做，如果有，那她就是做了很大的犧牲，要記得把注意力稍微放在她身上，當然前提是工作做完！

錢幣9

錢幣9是出了名的「小貴婦牌」，看來在自己的天地中無憂無慮，過著美好的生活，穿著好衣服，住在美好的莊園裡，手上還有一隻寵物鳥。但仔細看，小鳥的眼睛是被矇住的，如果看不到外界，當然也不會想往外飛。這張牌如果非要找負面涵義，那可能是見識不夠，坐井觀天，雖然這算是缺點，但土元素本來也沒什麼野心（魔羯座有野心是因為他是基本宮），其實在其他人看來，也覺得她自己高興就好了，至少待在家裡不搗亂，不要形成社會問題就好了。某些角度來說，這種安份也算一種善良。

錢幣9為什麼是「小」貴婦？錢幣皇后是正牌貴婦，因為錢幣皇后的財富是多樣性的，而且可以照顧到別人，但錢幣9只能管好自己，供應自

己剛剛好，所以也無暇去管其他人的事。其實錢幣9也不太會出亂子，當個中產階級就好，還是會偶爾捐款，只要不危及她的財富，錢幣9不是個小氣的人。

感情方面，這張牌如果是已婚，配偶很包容，但如果未婚，接下來就很難找對象，因為她的日子過得很美好，如果再找一個人進入生活，有可能破壞原來的平衡，因為她已經習慣過自己安排的生活了。我認識一位事業還不錯的女生，有天跟我說她交男朋友了，我恭喜她沒多久，她突然說分手了，我問她為什麼？她說男友太晚睡，干擾了她的作息時間，還沒有到愛不愛的問題，只要習慣不合，就很難繼續在一起。錢幣9是慣性的動物。

事業方面，如果抽到這張牌，不是主管就是單獨接案的專家，因為名聲很好，所以不愁案源，生活輕鬆寫意，大部份都是很有品味的音樂創作或藝術設計師，美感是刻在骨子裡的，不管吃東西穿衣服，品味都無人能及。

【在各位置的牌義解析】

現況位：一切都很美好，照著規矩走，自然形成最好的狀態。不管什麼事，錢幣9都久而久之形成一種跟他人之間的默契，不用多說什麼。如果另外吩咐他做什麼，可能就覺得跟你不太合，但他滿寬容的，可以跟你慢慢練習，直到做好為止，但這要耗費他很多力氣，所以寧可獨力作業。

問題位：錢幣9的問題就是積習難改，每件事他都用慣有做法，方式一改，他就不順手了，所以錢幣9很難配合團體，他如果一個人做，反而比團體合作的成果好，所以他是不合群的人（笑）。

建議位：如果有錢幣9，通常第一要你拿出資源，其二要你不要奢望他人，因為做事的模式很個人化，別人想幫忙，通常是給你惹麻煩。這張牌非常獨立，不管男生女生都一樣，有時會想該不該跟別人合作試試，但試了以後通常會發現，還是自己累一點好了。

錢幣10

土元素跟數字10是最合拍的一組了，因為土的堅實加上10的完整，就是一顆完美的鑽石，鑽石的莫氏硬度是最高的10。錢幣10也有堅實圓滿和很難摧毀的特質，10也有家庭圓滿的意思，土元素代表關係扎實，但交流不見得很多，親情是一定在的，就算平常很少聯絡，但如果有事情大家都會出錢出力。不見得會講什麼好聽話，講好聽話的是聖杯10，但如果拿不出錢或資源來幫忙，祈禱一萬次都是沒用的。聖杯10的難摧毀在於堅定的信念，但如果你讓他們拿錢出來，就算心裡再想幫忙，力量不夠就是不夠。但聖杯10可以提供的心理後盾，也不是錢幣10做得到的，在聖杯群組的眼裡，錢幣人擁有的也不過是臭錢而已（聖杯人沒有這樣說啦！只是要彰顯

他們的不同之處）。

雖然土和水都是陰性元素，相同的地方都是物質，都是可以保存和拿在手上的東西，不像陽性元素，只能看得到或摸得到，但留不住，所以土元素最好的地方就是可以拿在手上，等要用的時候再拿出來用，一點都不急，時間可以證明土元素的存在性。

感情方面，這張牌象徵他們可能認識很久，或關係很深，只是要慢慢了解對方，或融入彼此的世界，而且不是一頭熱，而是堅定、有把握、有準備的全盤考慮過，覺得可以才深入交往。雖然不是一見鍾情，但付出的心力和細膩是其他元素達不到的，充滿安全感，包括錢財的充沛和穩定的性格。

事業方面，代表從事某個事業非常久，有可能連家人都是同行，所以在業界裡的資源是別人很難達到的，因為錢幣10的資源不只是錢而已，人脈、存貨、業界的名聲都算，如果只有錢，那還容易超越。

【在各位置的牌義解析】

現況位：一切俱足，只是還沒開始出發，因為錢幣10一輩子都在準備，不打算一次花大筆的，但願意慢慢交換，拿錢交換自己用得到的資源，所以除了錢也有資源。只要一次不要有太多人敗家，這些錢可以用很久，因為公司會不停賺入新的資金，只要不是很浪費，窮不了的。

問題位：因為窮不了，所以一般人追求金錢就夠了，但他們不知道可以追求什麼，想法也沒什麼創意，不會去贊助善心團體，也沒什麼想做的目標。其實當義工是他們尋找目標最好的方式，因為你會看見在這個世界上有很多地方需要資源，而且是你剛好給得起的。

建議位：這張牌的建議，就是要你累積人脈和經驗，因為錢已經有了，就從更大的地方找需要我們做的事。你既然有錢，可以當伯樂啊！去贊助那些有才華、有想法卻沒有錢的人，如果他們取得成就，一定也會算你一份，一部好電影出名的不只是導演和演員，出品人和企業一樣會出名！

錢幣侍者

錢幣侍者是個有點木訥，但腳踏實地的年輕人，雖然還沒有大成就，但指日可待。他很能吃苦，學習能力不算快，但學得很周到，就像我們搭乘交通工具，最快的工具如高鐵，像火元素和風元素，一下子就達到目的，但路上經過的地方，都沒什麼印象，但土元素像坐慢車，很久才能到達目的地，但所有的風景都看得很仔細，印象也深刻多了，記得慢反而不容易忘記，所以凡事不要急，慢慢來，比較快。

如果是女生，就是比較樸實的女孩，就算之後有成就，她對質感的重視還是勝過快時尚，不會花枝招展，但講話會常發人深省，外表不算出眾，但還是一個有質感的人，不管內在還是外在。

如果要擇偶，錢幣侍者無論男女

都是績優股，雖然現在不顯眼，但看到他好處的人也不多，所以沒什麼人跟你搶，如果成功之後，要靠近他的人可就多了。錢幣侍者是土中之風，本質還是土元素，風元素只代表他的學習能力很好，土中之風雖然速度被土拖累，但風元素可不是擺飾用的，風元素的學習能力，就算被土元素干擾，頂多跟其他元素差不多，也不會慢得多誇張。

感情方面，錢幣侍者就像上述講的是績優股，有點傻勁，我個人覺得滿可愛的。就像《射鵰英雄傳》的郭靖，雖然天分沒有贏過別人，反應也不快，但靈活的風元素黃蓉就慧眼識珠，看出他的好，黃蓉是風元素，非常精明，所以能把郭靖的實力激發到最高。不解風情是土元素的硬傷，但風元素的人，能看出樸實下的真心，所以風元素很能利用土元素的優勢，土中之風集中在一人身上，當然可以善用自身的優勢，就算一開始笨笨的，但風元素是人格，反應再慢還是跟一般人差不多。

事業方面，錢幣侍者通常到最後會成為最資深的大佬。我出社會多年，常看到一開始表現出色的，通常會想要有成果，如果沒有，就會找更好的地方待了，這種聰明人，你要他慢慢等結果，他通常沒有那個耐心。只有錢幣侍者，我都說他是「學徒牌」，他學得沒有那麼快，只能慢慢來，等他學完了，大概同期的人也都走光了，就只剩下他，所以當然他就是老大。

【在各位置的牌義解析】

現況位：這張牌的反應雖然有點慢，一旦反應過來，往往就能立刻抓住重點，運用自身的狀態，找出資源中他可以利用的部分。大部分人在一開始都不會太在意他，覺得錢幣侍者不是個威脅，卻不知道他開發之後，進化非常快，因為土元素只要看到利益，嗅覺就會很靈敏，這時不用別人教他，他自己就能搞定。

問題位：這張錢幣侍者的缺點就是，因為一開始反應慢，往往被別人佔了先機，就算後來反應過來，也要看看來不來得及反敗為勝。但好處是錢幣侍者不太會自作聰明，很能聽別人的勸，也願意調整自己，而且可能從小被小看，他對自己的信心不太夠，所以有聽進重要的話的能力。「聽勸」真的是可貴的才華。

建議位：這張牌最好的地方就是風的人格反應過來後，土元素的耐心還是保留著，土是選對方向又有耐心，風是可以善用任何優勢，所以錢幣侍者的成就雖然慢一點，一定是生存得下去的。這張牌的建議就是，如果還搞不清楚狀況時，就先按兵不動，等情況明朗後，自然知道該做什麼反應。

錢幣騎士

錢幣騎士是土中之火，都是非常有目標的元素，所以這張牌的意志非常堅定，因為有土，也很能持續，因為有火，也很容易專注，所以是一張在工作方面很有出息的牌。雖然騎士很年輕，但因為有錢幣是土元素，所以少年老成，雖然年輕，但做事情很穩重，眼光也長遠，也很有耐心，卻保有年輕人的衝勁。雖然速度比其他騎士慢一點，但更可靠，也更能讓人安心，算是少數年紀輕輕就很能令人信任的年輕人。他做事不快，但很周全，不好的地方就是比較無趣，不像聖杯或權杖騎士那麼令人怦然心動，算是婚姻市場中的保值股。如果你發現一個錢幣騎士，不管是男是女，都要快點把握，這種人年齡越大，越有人知道他的好處，等到時候再行動，你就搶不

到了。這種人通常談戀愛不會太順利，但在相親市場很吃香，因為相親比較務實，不是外表或體貼可以搞定的，不過熟了以後，我覺得錢幣騎士也很體貼，只是體貼的方式跟聖杯騎士不一樣，聖杯騎士的體貼……比較不是那麼實用吧！聖杯騎士的體貼會讓人覺得很暖心，但錢幣騎士比較能直接解決你的問題。

感情方面，錢幣騎士開竅得比較晚，年紀輕的時候算是呆頭鵝，但他是默默付出那一型，通常千帆過盡後，人家就會發現他了，如果那時候他還沒被訂下來，那就算是你的運氣好了，他是越陳越香的那種，有的是男人味或女人味，強項不在長相，而是他的韻味。

事業方面，是最有保障的，對於自己的一切，尤其是事業，都很有規劃的能力。如果你是跟他同行，一定會覺得很有保障，只要是他視為家人的人，都能享受他對人生的準備。他也是年輕時看起來普普通通，但越老越有魅力的人。

【在各位置的牌義解析】

現況位：這張牌代表的狀態是一切平順，而且是越來越好。錢幣騎士很有耐心，他通常話不會太多，擅長做事，覺得廢話不用說那麼多，把結果呈現出來最重要，所以他的心思會全部灌注到正在做的事上面。成就當然也不小，但他很低調，所以成就通常不會太引人注目。

問題位：錢幣騎士的問題就是比較無趣，但他努力的時候還是很吸引人，但你要剛好看得到。錢幣騎士通常不張揚，因為他也不知道那些才是他的魅力。因為低調，所以不會早早被肯定，是要到藏不住的時候，才會被人驚喜的發現，就像我幾十年不知道晶圓產業，最近才很驚喜地發現台積電是很棒的台灣公司。

建議位：這張牌非常努力，盡心盡力的做他手上的事，所以這張牌表示，不要在乎別人的冷言冷語，因為哪一天你有成就了，也沒有打算分他們。錢幣騎士本來就不在乎別人是否誇獎，他們只在乎自己手上的事做得好不好，誇獎你也不會給他們獎品，何必欠人恩情？做自己就好。

錢幣皇后

錢幣皇后是土中之水，比聖杯皇后優勢的地方，就是多了土、少了水，土很理智，不像聖杯皇后那麼弱勢好騙。錢幣皇后是有工作的精明女性，她不是每塊錢都算得妥妥的那種，但每筆錢的方向都很明確，未來是要幹什麼用的，去處都已經確定，錢花掉之後會有什麼回報也很清楚。錢幣皇后的金流很明確，而且知道什麼方向的回報最大。因為有水，錢幣皇后沒有錢幣國王那麼嚴苛，至少有情有理，是比較好溝通的人，而錢幣國王一旦認定，就沒有人能跟他溝通了。錢幣國王雖然道理上是正確的，但因為不太留情面，沒什麼人情可講，而錢幣皇后是可以講情也可以講理的，在允許的範圍內，還是有一定彈性的，雖然不像聖杯皇后那麼沒底線。錢幣國王

是土中之土，跟錢幣４比較類似，都是格局有限的狀態，只是錢幣國王的格局比錢幣４大很多，但還是有限的。

大家都說錢幣皇后是貴婦牌，但我覺得她是時尚的職業女性，不只懂得存錢，還知道怎麼花錢，品味很好，打扮很得體，雖然會精打細算，但絕對不會寒酸，非但不寒酸，還很典雅大方，品味高級，低調但不失優雅。錢幣國王雖然也得體，但太老氣了，不像錢幣皇后還會顧到流行性，可以引領風潮，就像Dior的黛妃包一樣，雖然設計很簡單，但永遠不會退流行。

感情方面，錢幣皇后很知道怎麼保護自己。不會像錢幣國王一樣，以為自己是阿信（日劇一位很了不起的女性），錢幣國王比較像少了金星的金牛座，但錢幣皇后的金星性質很強，土中之水是類似加了金星的處女座，處女座打扮都很優雅，雖然在占星學上，處女座的守護星是水星而不是金星。

事業方面，錢幣皇后對應處女座，她不是管房地產、只進不出的錢嫂，而是在幫別人管理資產的聰明女性。錢只是經手，但她因為要面對貴婦客戶，所以打扮和頭腦都不能太差。

【在各位置的牌義解析】

現況位：這張錢幣皇后在任何場合都能得體的應對，也都能成功把事情辦好，算是不會搞砸任何事的可靠人物。但她不會高傲，我覺得那叫自信，就是一種很篤定的感覺，對任何事都有全盤了解，就算不是了解，至少有專業的常識，所以也不至於太差，只是對錢幣皇后而言，只有七十分就是不及格。

問題位：這張牌的問題就是太過忙碌，雖然受到大家肯定，但自己永遠覺得不夠好，會讓自己壓力太大。而且有見樹不見林的毛病，太執著小事，反而忘了大方向，永遠在小事裡挑出毛病，沒有時間追求更大的成功，所以雖然是很成功的專業人士，但基本上成就都有限。

建議位：會抽到這張錢幣皇后，就代表你做事情沒有步驟，做事情要按部就班，一步一步來，才可以達到你要的目標，錢幣皇后通常不會急躁，會有條有理的把事情分類分好，然後按步驟去處理，通常完成之後，別人也挑不出毛病，是一次就可以把事情完全處理好的人。

錢幣國王

跟聖杯國王一樣，這也是一張陰性特質強的牌，不一樣的是，土元素是陰中之陽，所以沒有聖杯國王那麼柔。錢幣國王是土中之土，比起聖杯國王的陰性，更覺得他偏向母性，給人一種可靠又堅定的感覺，也不像聖杯國王那麼容易動之以情。錢幣國王還滿固執的，不會因為他人的話，隨便改變自己的想法。錢幣國王不像聖杯國王是陰柔型的，而是紮實型的，對所有事情都很有自己既定的想法和做法，如果要他改變看法，不是三言兩語就能做到，土中之土凡事都要經過一定時間的觀察，才會做出判斷，而且結果還不一定會照你的意思走。最好的方法是，不要預期他會怎麼想，直接看結果，如果不是跟你想的一樣，就用道理說服他。我知道錢幣國王很難溝

通，但假以時日，他還是會聽進一半，雖然溝通的時間很久，但不溝通，時間過去還是什麼都沒有，土中之土耶！資源都在他手上，你要花力氣跟他磨。

錢幣國王就像觀念守舊的長輩，很難撼動他原有的想法，除非證據多到他不得不正視，才會「稍微」考慮要不要修正自己的想法，懷疑自己已經是舊時代的人了。他其實挺有自覺，很早就知道自己的想法傳統，但事到臨頭，他還是需要一點時間來面對現實。雖然大家都說錢幣國王不會動，但連大陸板塊也會飄移，土元素的想法當然也會改變，只是速度很慢而已，但如果他不改就會遭受損失的話，他還是願意修正的，但要有耐心一點。

感情方面，錢幣國王的戀愛基因不強，必須讓他覺得有談戀愛的「需要」。結婚本來就是資源整合的方式，他對於婚姻沒有疑問，但對談戀愛這件事，他比較沒有那麼高度的肯定，除非你跟他說，是為了避免以後離婚，他才會去做這件事。

事業方面，很好，你會有你的事業版圖，但需要花上很長的時間，而且中途還要吃不少苦頭。還好土中之土的神經反應遲鈍，所以忍著忍著也就過去了，土中之土的好處是，他是個低敏感人。

【在各位置的牌義解析】

現況位：錢幣國王的狀況就是恆常不動，或很久很久才動一點點，讓你的耐心耗盡，他卻視之為常態，錢幣國王很特別，你真的不知道他是懶人還是勤奮的人，因為他可以很久都不動一下，但真的動起來，又不知道什麼時候該停止。

問題位：最大的問題就是拖延。常常一個新商品或是新計畫，被他拖到時效都已經過了，才開始慢慢考慮，賺錢的也被他拖成賠錢了，但因為他每次要動用的資源都非常龐大，本來就需要時間。一個不小心，賠也賠很大，所以對他來說，不變動至少可以不賠錢，難怪他的行動力不強。

建議位：這張牌在建議出現，就是妥妥的「謀定而後動」。凡事不要太急躁，要非常謹慎，一直到所有可能性都被考慮過，才能做出最後的決定。土中之土如果要說優點，就是非常謹慎，不容易犯錯。這張牌出現在建議位，就表示你太莽撞了。

Chapter 3

多張牌義異同分析

女教皇和隱者

有次我幫人解牌，他現況抽到女教皇，我說當事人應該是想準備升等考試，結果的確是。因為女教皇有高於現況的意思，如果抽到女教皇，表示他想成為更好的自己，如果轉換到世俗上，就等於想要拿證照或更高的資格，但暫時沒有要用證照做什麼。如果要說使用，他有可能拿來教需要這些知識的人。女教皇的水更重視別人的需要，如果是隱者，隱者拿證照是為了有資格到更高的位置，畢竟隱者是土元素，很在乎職場的需求，也很在乎能不能幫人解決實質的問題。

女教皇是水元素，沒有那麼追逐名利，考試只是為了追求自己的提升，簡單說就是他高興，別人怎麼看他，他不太在意。他的功課是把所有看起來牴觸的事物，找出一個公約數，再用同樣的標準去讓大家了解它們之中真正的差異。

隱者雖然閉關時不理別人，但出關後他很清楚，還是需要大眾的肯定，才能存活下去。他閉關時深居簡出，很少社交，那是因為他需要專心，但是出關後，就會很重視他人的看法，因為只有別人肯定他，他才算是修煉成功。但每個人對同一個事物想法不同，所以隱者很有可能又再次陷入不肯定，又要再度修煉。

女教皇是每次修煉都更上一層，隱者則是懂的部分很多，女教皇是重視深度，隱者是重視廣度。

兩張牌都是很好的老師，但女教皇只講重點，你有什麼其他問題，他再針對你的問題去解答，他覺得這樣比較不浪費時間；但隱者就深怕你不懂，拿出所有他拿得出的筆記，希望你全部記下來，這樣你就不會有太多問題。因為隱者吃過太多苦頭，他想要幫你防患於未然，所以找大把的資料推給你，對知識飢渴的人來說很

VS

好，會覺得隱者博學多聞，但有時候也難免消化不良。一般人會覺得隱者兢兢業業，是個非常好的引導人，女教皇是世外高人，你給他錢也沒用，因為要不要指點你，是看他當下覺得你有沒有需要，當然重點是「他覺得」，所以他雖然大方，主觀性也很強，畢竟他占星對應月亮，還是對外人有點不信任。

在交友方面，女教皇比較重視看你順不順眼，如果氣味相投，可能會一改話不多的習慣，因為他累積很多年想說的話，現在終於有人聽得懂了，甚至可能會喋喋不休。在隱者身邊，他要真的覺得你是對他有幫助的人，具體的或抽象都可以，才會從心裡認定你是友人，因為他身邊圍著太多需要幫助的人了，這些人都在消耗他，如果有些人可以滋養他，他才會真心接納你。

女教皇和聖杯皇后

兩張牌都是水元素，又都是女性。但我覺得不一樣的地方在於，聖杯皇后是水中之水，所以感情很流暢，並且樂於付出，讓每個人都沉浸在他的照顧裡面。水中之水，所以我覺得聖杯皇后雙魚的特質很強，比較好掌握，耳根也比較軟，很容易被攻陷。而女教皇，在占星上對應月亮，感情比較內斂，不會輕易表達出來，就算

VS

他想表達，通常也是隱隱約約的，對方很難確切知道他的真意。但女教皇意志力很堅定，只要他想了解的事，總有一天會知道。

聖杯皇后在工作上，很樂於付出，並且願意承擔，但太容易被情緒左右。他是願意做，但做得好不好，其實有點冒險，而且他也沒那麼強壯，體力也不允許他承擔太多，所以為了自己好，還是不要讓他收拾所有的事。而女教皇是聰明透頂的專業人士，但他是專才不是通才，所以能力不是各方面都很優秀，他可能是藝術家、醫生、會計師，但同時也是其他方面的弱智，例如說生活白痴，除了他的專長，他對其他事都太過天真，的確是水元素的小女孩。

在感情方面，聖杯皇后有聖母情節，所以常會付出太多，而且太放縱對方，讓自己處於不利的地位，但只要他學會怎麼拿捏，他自己或是對方，都會有很好的感情體驗。女教皇在感情方面，通常就比較隱晦，不是很大方，但他的感情很專注，而且可以持久，如果跟他談戀愛，要能享受那種愛在曖昧不明時最美麗的狀態，其實很多事講得太明白，就沒那麼美了。

如果是要談戀愛，女教皇很難追，因為你通常不知道他在想什麼，就算他有動心，也比較含蓄，不太會讓你看出來，不管男女都是。而且不管喜不喜歡你，他的直覺反應就是先保持距離，這樣才能把你看清楚，所以很多時候追求者就會覺得自己被打槍，等他後悔，那人已經離開了，所以女教皇常常處於悵然的狀態。不過聖杯皇后也很讓人煩惱，他看起來很親和，對誰都很好，但你會擔心他是不是海后（到處留情的女人）。這是感情太豐富的後遺症，而且每個人都覺得他喜歡自己，很令人煩惱的地方是，杯后誰都喜歡，但你不知道他對你是哪種喜歡，加上他本來就不擅長拿捏距離，不要說你不知道他在想什麼，很多時候，連他自己也一知半解，不太清楚自己要什麼。

兩張雖然都是水元素，但女教皇比聖杯皇后意志堅定多了，女教皇吸引的人，對他都是一種仰望的態度，所以渣男在女教皇面前，沒什麼存在的空間。聖杯皇后吸引的人，是把他當成可以包容自己、原諒自己犯錯的聖母。如果你是聖母，相對的很有可能遇到浪子，我要奉勸大家，不要給老是要你原諒的人太多機會傷害你，不管男人女人都一樣。

女教皇和寶劍皇后

這兩張牌都是有情緒但不外露，有才華，講話聰明犀利，但有時候常常會搞混他們的含義。最大的差別在於，女教皇可以保護自己，因為女教皇的威嚴，雖然不是很大，但足夠抵擋外界的惡意，寶劍皇后因為是皇后，一定要有國王幫他撐場面，沒了國王，講的話就沒人在意了。寶劍皇后的元素是風和水，格外沒有力量，寶劍皇后跟他的元素一樣，都比較渙散。

寶劍皇后只能寫寫東西或賣弄聰明才智，但女教皇不用賣弄，不在意外界對他的評價。女教皇可以做大事，一樣是才女，寶劍皇后適合附庸風雅的小玩意，寫寫作、畫畫圖什麼的，有與生俱來的聰明，女教皇卻是努力之後的結果。女教皇願意花力氣，寶劍皇后卻不願意，寶劍皇后有點雙子座的感覺，只想用現成的聰明，不想再做什麼研究跟努力，寶劍皇后也很需要外界的肯定，他可以說：「我沒有努力，就已經是現在的樣子了，我很厲害吧？」但女教皇是非常努力後，才凝結出最

VS

後的成果，所以兩張牌在認真程度是有很大的差異的，女教皇可以當律師、醫師、會計師，這種需要大量研究的職業，兩張牌在內涵方面差很多。

說到愛情方面，寶劍皇后不管是男是女，跟他交往的壓力都很大，因為除了一般女生的：「愛不愛我？有多愛？」還有各式各樣的才華需要他人肯定，是真的很厲害沒錯，但比較難登大雅之堂。因為不是在工作上發揮出來，就只是小小的才華，就像作家，在出書前都是消遣，很難讓人認真看待。所以寶劍皇后應該把力氣放在大眾的肯定，不是拿來壓迫自己人（笑），而且寶劍皇后很有出名的潛力。

女教皇的愛情通常很隱諱，他們怕說出來會破壞彼此的默契，而且也滿享受那種「盡在不言中」的感覺，如果講出來了，就會破壞那種美感，而且要讓自己的感情面對外界的考驗。女教皇對應占星學中的月亮，巨蟹座的守護星通常很怕事，事情一旦鬧大，他們就沒辦法享受這種自己獨有的感覺，也沒辦法掌握事情的進度，這會讓女教皇很沒安全感。

在感情方面，寶劍皇后很希望對方愛他，但他不見得要很愛對方，因為他只是想要被愛來證明自己的價值，可能他自己也沒意識到，那是因為他自信不夠，所以無意識地想從外界找肯定。而女教皇的自我意識很高，所以知道這種陷阱，女教皇並非不會陷入要別人很愛他的假象，但是他很快會驚覺，然後調整自己的方向，因為女教皇很不願意丟臉，所以警覺心很強，又很謹慎，不太會有這種不自知的狀況。

皇帝和教皇

皇帝牌跟教皇牌有什麼不同？大家說兩張位階都很高，身份尊貴，所以不太清楚兩張的差別。皇帝牌對應牡羊座，是火元素，教皇牌對應金牛座，是土元素，簡單說來是上位者的權力是皇帝，上位者的資源是教皇。

皇帝因為是牡羊座，天下是他打下來的，比較像開國君主，皇帝牌序號又是

VS

4，4本身特質傾向土元素，在強勢的同時，也很固執，所以皇帝的意念非常強大，足以憑一己之力成就大事。但皇帝不擅長團體合作，因為本來就目中無人，在他身邊的都是配合他的人居多，也有獨裁的傾向。

教皇牌是金牛座，土元素，比較像管理者。教皇不是和樂融融型的人，也很有階級觀念，知道自己在什麼位置，應該如何跟其他人配合。教皇牌比較有團體概念，知道該把什麼樣的人，放在什麼位置，並且合作創造出最合理的結果。

如果皇帝是創業者，教皇就是世襲制的君主，是從上一代手裡，接過已經運作成形的社會或公司。皇帝需要大無畏的勇氣跟突破萬難的決心，教皇需要管理技巧跟商業經營模式。教皇跟皇帝都有規矩，不同的地方在哪裡？簡單來說，皇帝是創造規則的人，因為皇帝是創造一個公司的人，是開創者，教皇則是遵守規則的人。用商業的例子看，皇帝是創始店，教皇是加盟店，所以皇帝是一個個體，教皇比較像帶領群體。

在個性方面，皇帝比較自我、獨裁，教皇是古板，而他們的共同點是固執地相信自己是對的，皇帝是強制要大家聽他的，教皇相對來說比較像是「建議」，但也只是跟皇帝比，教皇不像皇帝那麼強制，比較溫和，但比起其他風或水元素牌，還是很固執。皇帝則是偏執，比固執更加蠻橫。

在感情方面，皇帝是「我說了算」，因為只有他自己知道他要什麼，但皇帝也可能因為身份不同，每個時期想找的對象都不一樣。教皇比較遵循社會觀點跟法則，比較不會固執地相信自己的選擇，不過一旦決定，教皇就不太會改變，比較有婚姻觀念，皇帝因為是主導者，比較會三妻四妾。

教皇因為對應金牛座，如果有小三，可能是因為肉體因素，或者直接花錢買比較快，還可以促進經濟。皇帝比較有獵人的本能，喜歡征服的快感，所以比較喜歡自己主動追求，皇帝也比較有男性魅力，教皇的魅力……就是金錢跟社會地位，不是來自於他本身。一般來說，女人早期容易被皇帝的性格俘虜，因為皇帝比較任性，渾身散發費洛蒙，容易吸引異性或同性，教皇的吸引力則來自他給的保障或享受。

如果要挑老闆，新創公司比較像皇帝，需要衝勁跟冒險精神，但教皇就像公家機關，有保障，但缺乏新創意。

皇帝和權杖國王

這兩張確實很像，位階都很高，皇帝對應牡羊座，是火元素基本宮，超級火，但他的數字是4，4很有土元素的特質，權杖國王是火中之土，也是火跟土的結合。這兩張的共同點是都非常頑固及執著，而且有跑百米的速度，也有跑馬拉松的耐力，在工作上，這兩張牌都很難纏。

唯一不一樣的地方是，皇帝是阿爾卡納，影響範圍比較廣且全面，像是一國之君，一個小小的動作，就足以影響很大的範圍，像是一個政策或一個年代；權杖國王比較像單件事中的行為，比較偏細節面。這兩張牌如果同時出現，不管在哪方面，都是勢在必得的狀況，野心非常強大。

皇帝牌雖然野心大，但他的格局也大，不會計較小事情。人家說皇帝很容易發火，我覺得不見得，因為還要看他有沒有發現，太小的事情入不了他的眼，所以如果是皇帝覺得需要跟你一拚的事，通常事情本身都很嚴重，到了要皇帝牌出手的

VS

程度，對誰來說都是茲事體大。權杖國王是小阿爾卡納，管的範圍比較小，但他也是小阿爾卡納中位階最高的宮廷牌之一，所以權杖國王是小範圍裡的最大事件，就是事情雖然不算嚴重，在別人眼裡沒什麼，但當事人卻非常在意。所以在他的族群裡，也會耗用很多資源去處理，其實可能是拿斧頭削鉛筆，也就是動用很大的力氣去做小事。所以權杖國王要小心評估，是不是把太多力氣拿來處理小事，要等事情有一定程度，你再出手，才不會浪費過多的力氣。

這兩張牌都不只是力氣大，做事情也都很深入，因為火是動用的燃燒能量大，兩者具有的土性資源（4這個數字也等同於土），做的事情都是很細膩、很深入的，所以兩張牌都是有戰力也有謀略。

在戀愛方面，兩張牌都是大男人主義，只是皇帝位置高，在我們看起來，年紀也比較大，權杖國王比較年輕，所以權杖國王就我們看來也比較冬烘，因為年紀輕思想就這麼老舊，當然就是很迂腐的人（笑）。皇帝牌雖然也是大男人，但因為性別跟年紀，我們可以比較體諒皇帝有這樣的思想。皇帝牌跟權杖國王如果是女性的話，因為天生力氣小，資源少，就算有蠻橫的本質，也比較難造成太大的壓力，頂多任性、刁蠻、不講道理，但都向自己人發作比較多，而且會跟這種人在一起的男生，通常神經也比較粗，所以災難不大，也比較不會往外擴散。

簡單來說，皇帝是威望大，讓人不寒而慄，權杖國王是壓迫感很強，我們對皇帝比較不敢說什麼，但權杖國王可能是在跟當事人同輩分的位置。皇帝像長輩，地位不可動搖，權杖國王像經驗比你多的學長，你是可以還手的。

教皇與隱者

有人問隱者跟教皇，誰才是貴人？答案很明顯，教皇是真正的貴人。這兩張牌都是土元素，隱者也可以幫助別人，但處女座的隱者，重點在累積學問，通常是順便才會幫助到別人，基本上隱者還在忙自己的事，金牛座的教皇是已經是元首，人民安康幸福，是教皇的責任。

VS

雖然別的書常常說教皇是心靈導師，但教皇是上蒼派下來帶領人們的首領，很像初期的鑽木取火的燧人氏、嚐百草的神農氏、發明文字的倉頡、發明養蠶取絲黃帝的太太嫘祖等，也像埃及的第一代法老王歐西里斯，歐西里斯也是尼羅河神，負責每年尼羅河氾濫後重新測量界定土地。你會發現，早期的君主很像技術人員，都是在輔助人類的民生所需。這些讓人類生存下來的事物，才是早年的當務之急，那時的信仰不僅僅是心靈上的，更是生存所需，所以是注重生存的金牛座來對應。而隱者還在為自己的前途奮鬥，他能保全自己就不錯了，教皇是真的掌握大部分的資源，才能當好人。但如果你的心靈需要啟發，就要靠隱者了，教皇的知識是資訊，是在團體生活中的說明書，依我的想法，只是一些守則，還稱不上知識。

回到貴人問題，其實要看你指的貴人是哪種形式，如果要真金白銀支援你的貴人，當然是教皇，如果要在思想上啟發你，那當然是隱者。教皇的知識是孔子、孟子之類的，要在別人眼中循規蹈矩，不給人惹麻煩，也要對人有貢獻；隱者的知識很像莊子、奧修之類，要有自己的個人主張，但隱者也是學孔孟出身，所以一開始還是很迂腐，困在自己的學問中，要等到了解自己的自由，才能算學成。

隱者是9號牌，9是轉捩點，要從個位數晉升到十位數，已經快要學成，就差最後一步了。教皇是5，從人群出身，要帶領大家前進，跟大家都好好相處，最後才能達到6的社會化，每個人安安份份各司其職，共同為這個群體努力。所以四元素的6號牌都是好牌，因為最均衡、最和諧，就算負面牌最多的寶劍組，也代表可以喘一口氣。

在感情方面，教皇是按照社會規則，找一個門當戶對的伴侶，一起努力生產，不管是孩子或是產品，為社會盡一份心力，孩子在古時候也是資產，也是勞動力。所以在婚姻中，他也可以算是另一半的貴人。隱者牌因為自視甚高，往往眼光太高，又不喜歡承認自己的不足之處，實際上很難找伴侶，就算找到了，也很容易被甩掉，所以大多數時候，都只能孤芳自賞。其實隱者最適合跟他的粉絲在一起，因為可以永遠高高在上，永遠不用承認自己的不足，但成長也會因此停止，跨不過那個臨界點，不管在哪方面都是個很矛盾的人。當然也當不了另一半的貴人。

戀人和聖杯2

戀人照字面上的意義，就是跟談戀愛相關，但戀人對應雙子座風元素，風元素對戀愛來說，太冷靜了，比較像是對新事物的好奇心，但因為是風元素，這個好奇會保有多久，誰都不知道。風元素一向都難以捉摸，就算有好感，好感卻分很多種，不確定是不是往戀愛的方向前進。其實如果是好朋友、好同事，也符合戀人氣味相投、相處愉快的特質，我在禪卡書的〈愛人〉裡也寫過，感情是一定會升溫，只是不知道往哪個方向升溫。除了談戀愛之外，生活裡還有很多令我們狂熱的東西，可能是電影、音樂，也可能是剛剛領養的寵物，只要能令我們沉醉，都可能是戀人牌代表的事物。因為戀人牌對應雙子座風元素，讓我們對新鮮的事物感到好奇，至少都會投入一陣子。

聖杯2號稱「小戀人牌」，是水元素，但因為是數字2，我認為是剛萌芽的「好感」，還沒有經過考驗，不知道夠不夠強韌。而且感情元素要有水元素和火元

VS

素，這張牌只有水，會有點溫吞，缺乏火元素的執行力與熱情激情。我都說聖杯2比較像學生時代的戀情，稚嫩、青澀，而且只是我們一生戀情的開端，通常只會持續一小段時間，因為稚嫩的事物往往躲不掉時間的考驗，更不用說隨著年齡增長，我們要考慮的事更多，例如社會地位、錢財，還有雙方對工作、居住地點的理想面貌。

有些人說水元素就是交歡，所以判定聖杯2有肉體關係，我其實不反對這個說法，因為肉體探索也是嘗試愛情的另一種方式，2本來就很年輕，探索對方身體很正常。如果不遇到考驗，這段純純的愛也能滿足年輕時愛情的需求，一直要到出社會，開始為了柴米油鹽煩惱時才會浮現難題。但如果家裡不愁吃穿，或是自己本身很優秀，就有可能直接到結婚這一步，但我們都知道，純純的愛有多脆弱。

這兩張牌，我喜歡風元素的戀人多一點，因為很有彈性，就算不談戀愛，也可能多一個好朋友，但聖杯2的範圍有點窄，如果沒有修成正果，就只能躺在回憶裡了。聖杯2是水，戀人牌是風，兩者都不是火元素，沒有能夠突破一切藩籬的熱情，水跟風都是渙散元素，都不是土跟火這種集中型元素，所以存在的時間都不長，往往不是一生中的重點，只是陪襯型的場景。

如果要問哪一張牌比較容易轉入真正的戀情？其實兩者都有可能，戀人牌的感情比較像互相欣賞、志同道合，聖杯2比較像長久的相處，久而久之，沒辦法失去對方。不知道是不是因為我是雙子座，志同道合聽起很吸引我，至於聖杯2，我其實不喜歡源自於依賴的情感，但聖杯2會比較像家人的不可或缺。

戰車和寶劍2

有人問我，戰車跟寶劍2都一樣是受阻，一樣無法前進，兩者有何不同？戰車是巨蟹座水元素，腦子裡有很多想法，所以不管進或退，他都可以幻想出不好的結果，因為進跟退都不好，他就只能卡在原地，哪裡都不能去。而寶劍2是從思考層面就無法前進了，他有兩個選擇，但覺得兩邊雖然不至於到不好，但還是不夠周

VS

全，所以一直在想哪個方向比較好，因為始終沒有答案，所以哪裡也去不了。其實只要勇敢踏出第一步，就會知道該如何修正，才能變得完美，但就是因為連第一步都踏不出，當然沒有前進方向。

寶劍2是因為無法掌握才不前進，覺得找不到完美的因應對策。而戰車看得很清楚，但對自己沒信心，還有腦子裡的想法太雜亂，所以自己生出很多無名的恐懼。寶劍2有信心可以贏，只是太想要全面勝利，所以如果不完美，寧願不採取行動。而戰車是覺得每個敵人都比他強大，在心理上就先輸了，他必須先相信自己並不弱小。

我想起十幾年前剛出道時的一個例子，有一天一群女生共同買下我的占卜時間，輪流問問題。有一個女生從頭到尾沒發言，後來朋友發現他都沒問，才拱他問問題，他們七嘴八舌說他從來沒談過戀愛，要問問什麼時候有桃花？他抽的牌當中有一張權杖4出現在「過去」的位置，其他牌我記不住了，我看到權杖4，就很驚訝的說：「他已經有男朋友了啊！」大家看著他，他才為難支支吾吾的說：「是有啦！好啦！有啦！」大家急著打他，說怎麼都不講？他接著問我：「我們今年結婚合適嗎？」大家又舉手打他，因為聽他的問題，應該已經交往一陣子了，他的保密功夫真到家。

他抽完牌，我看到聖杯2、節制，但最後出現寶劍2，我一直在猶豫應該怎麼解讀？後來想不出合理的答案，我就直接問他：「我不知道應該怎麼解讀，因為牌說你們很契合，但又說你們溝通不良，我不知道什麼狀況會讓感情很好，但是無法溝通？」對方很開心的說：「喔喔，因為他是西班牙人，但是我西班牙文不太好。」原來如此，這個不問本人是不會知道的。

寶劍2是想溝通，但不知道怎麼溝通最好，所以感覺很猶豫，真的就是有想法，但是沒辦法說出口。但戰車就真的是千言萬語，不知道怎麼講出口，無法拿捏字句，比較像我們一般講不出口的合理狀況，因為戰車對應巨蟹座，情緒非常多，不像寶劍2，只是單純不知道怎麼講。寶劍2的難以開口是真的不知道要講什麼，戰車是情緒太多，無法組織好語言講出口。寶劍2很像我們上英語課回答不出來時的狀況，戰車糾結多了，是有很多情緒，不只是語言上的障礙。

隱者與女教皇、吊人

有人問：隱者牌與女教皇還有吊人牌，除了元素的不同，主要的差別在哪裡？我也覺得他們很像。先從比較像的開始講，女教皇跟倒吊人都是水元素，但女教皇很有自己的想法，只是比較低調，倒吊人是受制於環境，不能掌握自己的命運。女教皇對外界沒有掌控欲，他只對自己內心的世界有興趣。

女教皇雖然是水元素，不過自主性很強，雖然不是故意，但因為內心世界跟大多數人不同，所以總是給人冷冷的、高高在上的感覺。但其實他自己也沒發現自己流露出來的氛圍，不過就算知道，大概只會訝異而已，不會想要改變自己。他沒有其他水元素牌的被動，比較像水元素的地方，大概是他的沉靜與平靜的氣質，就像停止的湖面一樣，除非有石頭丟進來，不然不會被任何事驚擾。

倒吊人也是水元素，但卻是水元素特質中的被動、軟弱，以及無法控制自己的命運。一切都隨著環境起伏，外界不好他就跟著不好，外界好……他也不見得好，

因為倒吊人對應海王星，海王星是雙魚座的守護星，就是一片汪洋大海，就像現在大部分的海洋一樣，都被人類污染，沒有辦法保持自己純淨的特質。倒吊人只有被掌控的份。

女教皇跟隱者，都是對自己的內心世界有興趣，也都是自主的，但隱者是刻意的隱藏自己，因為他覺得自己還沒到最好的程度，女教皇並不會刻意想隱藏自己，但他也沒興趣引起別人注意，就悠遊自在的活在自己的世界中，外面做什麼與他不相干。如果有人跟他意見相左，他也不在乎，但不會堅持自己是對的，因為你怎麼認為，他覺得都與他無關。但隱者是土元素，世俗的功利之心還是有的，只是覺得自己還沒準備好，等他出關，大家一定會知道他是誰。

而隱者牌跟吊人牌最大的不同，是隱者的土元素，他躲起來是為了閉關，是出於自己的決定，倒吊人是隨波逐流，倒吊人有沒有轉變，是要看外界怎麼改變。

倒吊人跟隱者相似之處比較少，如果你以為隱者很軟弱，那你可就錯了，隱者跟女教皇一樣，可是高高在上的。倒吊人是神性的海王星，溫柔、包容，但因為水元素是溶劑，洗去一切髒污，那些髒污可能就要水自己承受了。隱者很聰明的避開了一切繁複的事物，隱者對應處女座，他可以承受複雜，不過只有他自己製造出來的複雜，對於外界事物，只要跟自己沒關係，他能閃則閃。

三張的共同點是很低調，但隱者的低調是暫時性的，因為他覺得還沒到可以表現的時候，女教皇的低調是懶得理別人，倒吊人的低調是無法吸引人注意。

如果問同一個問題，例如工作運，女教皇是做自己的專業工作，通常女教皇在工作方面很受肯定，只是人際關係有待加強，但他也不會讓人討厭，隱者是去考公務員或爭取更高的職位，倒吊人是休息一陣子，可能先打工，等局勢變好再找更符合自己需求的工作。

命運之輪和世界

命運之輪是動態火元素，代表新機會出現，還有事情會往好的方向走，但火元素不持久，所以機會也是較短期的，如果不把握，很快就會消失，或者撐不下去。構築出來的新願景，很快就會淪為平凡無聊的東西，所以需要不斷設定更高目標，才能處於不敗之地。

VS

因為命運之輪很快就過期，所以能不能善用資源就很關鍵。命運之輪一旦不新鮮、不有趣，賞味期就過去了，不管你再捨不得，留下來也是沒用的。就算有了什麼結果，依照命運之輪喜新厭舊的特質，也持續不下去，它只是提供你一個契機點，你必須要認真把握，不然很快就消失。

世界是靜態土元素，對應土星，土星是老人之星，跟命運之輪代表的「嶄新」剛好是相反的東西。世界要經過長期的累積跟考驗，才能一點點攢下來之不易的資源，但累積到最後，他會是最大的贏家，但是要耐得住性子，忍受枯燥乏味的過程，不像命運之輪，一直有新鮮的刺激感來調味，如果可以忍到最後，也一定不是普通人。

在古典占星學裡，土星是第一兇星，雖然韋特跟托特創始人克勞力都是神秘結社「金色黎明會」的成員，理論上他們用的應該是古典占星，但我覺得塔羅牌跟占星的對應，比較像現代占星，因為吉跟兇並沒有一定的歸類，像托特牌的圓盤2，吉星木星進入跟木星相剋的魔羯座，整張牌的走向居然還不錯，可見塔羅牌是中性的，比較沒有一定的吉或兇。

世界剛好是土星，土星跟木星是完全相反的兩顆星，一般來說，如果土星進入哪個宮位，都會讓那一宮代表的環境變得狹隘。有一次我的占星學生，隔年流年土星進四宮，四宮代表房屋跟周圍的領域，他很擔心是不是家裡會變窮，但現代占星來說，土星也沒那麼恐怖，土星是代表我們承受很多考驗，所以過程很艱辛，但最後得到美好的結果。結果是學生在公司換部門，他原來的辦公室又大又寬敞，後來變成跟很多人共用辦公室，只有一張小小的辦公桌，桌上還堆滿文件，讓他的環境變得很「狹隘」（笑），但職位上反而比較安閒。

世界是土星的最後階段，已經有所成就，要安享晚年了，所以會順風順水，因為一切的考驗都已經變成美好的果實了。因此世界在塔羅牌裡，也是偏向好牌。世界剛好是土星掌管，在占星學裡，木星瀟灑自在，跟老成穩重、吃苦耐勞的土星是死對頭，所以土星會想要在哪裡跌倒，就在哪裡站起來，常常有人覺得這是浪費時間，但他就是看到別人覺得虛無縹緲的可能性，撐到最後勝利為止。命運之輪天縱英才，成事會比別人容易，又是天生的幸運星（木星），如果運勢下滑，通常搞不清楚是怎麼回事，所以很難原地站起來，大多換個方向，重新挑戰。

另外木星也代表另一種意境，即「修行」，但不是坐下來敲木魚念佛的出世，而是盡可能的去嘗試遇到的一切，就像一句話「讀萬本書，不如行萬里路」，命運之輪的修行不是書呆子，是用自己的生命去體會一切。

雖然看起來兩張牌都是好的，但細節差很多。如果抽到命運之輪，因為是火象，代表生活很有趣，充滿新機會，基本上停不下來，人緣也很好，像是被人簇擁的感覺，如果是年紀大的人，甚至有回春的感覺，所以大部分遇到的、結緣的也都是有活力的人。如果抽到世界，表示生活穩定富足，而且是長期累積下來、慢慢成形的，所以不會突然失去，一直到離世都有受庇護的感覺，而且很被社會接納。土星代表掌權者，所以社會是站世界這一邊的，因為世界的感覺很熟悉，就像我們一般會接觸的人，雖然大家沒有特別支持世界，但至少不會反對他，對世界有接納性。

命運之輪、世界與聖杯10、錢幣10

問我世界跟命運之輪有何不同的網友，加問了一張聖杯10，其實我覺得聖杯10跟世界還有命運之輪沒什麼同質性，應該不會很難分辨。但我假設他是覺得三張牌都是幸福的，所以不知道這三張牌有何不同。

聖杯10的幸福是水元素，跟世界一樣都是牌組中的最後一張，雖然聖杯是水元素，但10也帶有土元素的性質，這兩張牌都是幸福而不是幸運，但命運之輪是幸運，幸福就是一切圓滿，並且已經是常態，沒有必要特別驚喜，甚至覺得有點無聊，有時會想找刺激，而命運之輪本身就是刺激的火元素，所以命運之輪是比較亢奮的。

命運之輪跟聖杯10的共同點，就是兩張牌出身都很好，聖杯10是衣食無憂，命運之輪是生命中不斷有驚喜，兩張牌都算好命。聖杯10跟世界，一張是水、一張是土，兩張都是陰性元素，這兩張牌的共同點都是比較靜態，所以是安穩地生活在習慣的環境中，也都很滿足，不會像命運之輪一直想要尋找新奇有趣的東西。

錢幣10跟世界還比較像，因為都是土元素，只是世界的格局比錢幣10大，錢幣10是一個地區，世界……就是全世界。錢幣10比較拘謹，世界比較自在。

跟世界、聖杯10、錢幣10比起來，命運之輪是唯一的火元素，也是唯一的陽性元素（因為這些牌裡沒有風元素），所以年輕人通常跟命運之輪的連結比較深，也比較有緣。尤其如果生命塔羅裡有命運之輪，通常無論在身體上或思想上，都喜歡冒險的人。如果問我命運之輪專不專注？面對一個目標通常很專注，但如果謎題解開了，他就不會再投入，要去解開下一個謎題。所以人家常說射手座花心，就是從這個特點延伸出來的。

命運之輪跟錢幣10對比，火是事業的衝勁，土是事業的守成，兩者的區別就是一動一靜，但錢幣10的格局比世界小，所以錢幣10的滿足，通常不像世界那麼全面，可能財運不錯，但家人之間有隔閡，也可能家人很團結，但在外面都是獨行俠，貴人比較少。

錢幣10跟聖杯10，都一樣是10，只是元素不同，那就很好解了。土元素跟水元素，都是陰性元素，都很靜態，陽性元素火跟風，都是耗散結構，到了9跟10就會

X
WHEEL of FORTUNE.

X

XXI
THE WORLD.

X

後繼無力，不像陰性元素是累積式的，數字越大越豐盛。聖杯10跟錢幣10都是圓滿，水元素是感情上的圓滿，對一切感到心滿意足，對物質不太要求，錢幣10是生活一切無缺，所以安全感很足夠。因為知道自己不用擔心，所以這兩張牌都是對自己的處境感到很滿意，沒有改變的動機。

正義與審判

正義和審判這兩張都有分清是非曲直的意思，但正義是對應天秤座、風元素，有法律的意思，也就是規則在大家面前公開，決定之後，也要符合大部分人的價值觀，不能太過激進，要在社會可以接受的程度，也就是比較溫和，在大家心臟的承受範圍內，就算是死刑，也要是用人道的方式執行，不能額外帶來不良的影響。正

VS

義是風元素，所以非常在意大眾的看法，喜歡全面性的公評，不想讓別人有話講，他的結論通常可以讓多數人接受，但還是有少數沒辦法認同他的看法，就要抗議或修法，來達到他們的訴求。所以我們會發現，公平正義是有浮動性的，每經過一件事，就會有微幅的調整（所以在托特牌中的正義牌，名稱就是「調整」），然後從當下的公平，慢慢成為同一套準則，達到大多數人的公平。

審判是冥王星，也是天蠍座的守護星，天蠍座本來就很極端，是水元素跟陰性的火元素，所以沒什麼大眾價值觀，愛跟恨都很私人，比較像私刑，用最直接的方式表達自己的情緒。火跟水都是情緒元素，所以審判很主觀，不在乎他人怎麼看，只要覺得有達到自己要的公平，其他都不在乎，所以每次要修法都要爭吵很久，因為他認為的公平不太符合別人的標準，他就會跟別人交戰很久，才能取得一點點的認同。而且這個認同也只是對他來說，別的案子上其他人不覺得適用，就需要革命或戰爭，才能推翻原來的法律。

我以前講過正義跟審判，同樣是老公外遇，正義比較像離婚，用大家認同的方式來處理，但表面上處理好，私下還是有情緒過不去，所以可能會為了孩子認同誰，或是對方有沒有新歡受折磨。正義是看起來很果斷，馬上離婚，但還是會一直問小孩：「爸爸有沒有帶阿姨回來？有沒有電話特別多？」實際上還放不下，但公開對外的態度就是我已經了斷了，跟他沒有關係，我做回我自己了。但如果捫心自問，還是沒有完全放下。

審判可能就是表面上不離婚，但內心很誠實，果斷地斷開自己的感情，把對方當室友，或者把重點放在財產的爭取，務求達到自己覺得公平的程度。他不用說服自己，他很清楚的認定，兩個人已經是各走各的路了，彼此都不影響，只要把最後的交集清掉就好。審判如果要挽回，是可以力挽狂瀾的，如果他不挽回……冥王星不會走不好不壞的路線，我說過他很極端，不管什麼決定，他都會做到底，讓你完全沒有誤會的餘地。

簡單來說，正義是得到社會認同，審判是要做到自己滿意。天秤座很在意別人說什麼，他要當大家眼中不會犯錯的人，但天蠍座只做自己滿意的事，不在乎別人怎麼想。

節制和星星

節制是火元素，對應射手座，牌圖是天使拿著兩杯溶液互相倒，會調配成不同於原來的兩種溶液，是更高階層的第三種溶液，吻合射手座的「修行」意味。射手座也代表國外，代表增長見聞，從這裡可以得知，天使像一個煉金術士，把最好的東西提煉出來，也代表成為比原來更好的自己，所以就是修行、修煉，以前是修行跟煉金術，在現代則是「化學」，都代表有更好的事物產生。其實我覺得也像人類的生殖，兩個不同的男女因為結合，可以誕生出一個結合兩人特質的小孩，所以如果是戀愛或結婚，這一張牌都有相濡以沫，產生新生命的感覺。雖然射手座大多定義是用情不專，但這張牌的射手座，已經過盡千帆皆不是，遇到了真正可以定下來的人，所以兩個人的生活方式也會結合，產生共鳴，也就是老夫老妻的共存模式。

星星（水瓶座）是從一開始，就處在跟凡人不同的位置，一直都是受人仰望的，跟人類因為本質不同，所以再怎麼修行，也沒辦法達到星星的高度，除非重新投胎。節制是國外，星星則是我們難以想像的境地，節制跟星星容易搞混，是因為兩者都有超脫跟成長的意味，但節制是火元素，對應射手座，星星是風元素，對應水瓶座。而在占星學裡，射手座是國外，水瓶座是外太空，的確都要從原地躍升的意味。

在塔羅牌裡，大阿爾卡納每一張各自代表一個星座或一顆行星。大部分守護星跟所屬星座，都會有很類似的特質，水瓶座是風元素固定宮，代表理性且固執，就有星星牌客觀又超然的感覺，但水瓶座的守護星天王星（對應愚人牌），則是離經叛道、不按牌理出牌的代表。所以我們定義星星牌時，得先把天王星特質去除，從

VS

水瓶座來看，星星是一個對未來擁有很大憧憬的人，也對科技帶來很大的貢獻，但很謹慎，會做很多實驗，在還沒有結果前不會妄下定論（但很大的可能是金主不接受他的想法，要他多提一些可以執行的方案），所以星星牌就像外太空，我們到不了，卻可以想像，但真的要去，得等很久很久以後。

我們要達到節制，就是教授、專家的程度，只要努力就可以比一般人身份高。如果要到星星的程度，需要加入額外的特質，也要能突發奇想，稱為天才或奇才，跟一般人類不一樣。如果想要達到這種程度，一定要讓自己從根本上改變。

如果一副牌同時出現星星跟節制，有可能是專業範圍內的重大突破或成就，也有可能要出國深造，總之一定可以有很大的轉換，不管身體或心理。節制牌比較可能出國，星星牌可能是你的知性到了大部分人都難以企及的程度。

寶劍9與月亮

某次上課上到月亮牌，我說月亮對應雙魚座，常常有自己腦補的想法，為了不必要的事擔心，學生就問，月亮跟寶劍9有哪裡不一樣？雖然月亮是水，寶劍9是風，但一樣為了不必要的事煩惱，一樣是實際上沒什麼不好的事情發生，一樣要整頓自己的心神，唯一不一樣的是寶劍9比較急，需要立即處理，月亮的壞處是遍布

VS

在整個生命中，終其一生都要小心。

風元素代表一個人的思維，9是最高點，寶劍9代表一個人的腦子裡，已經充滿東西，所以無法思考。無法思考？風元素不就是思考嗎？如果只是不好的，我們通常不叫做思考，我認為那是「雜訊」，當腦子裡充斥著雜訊，就會無法正常思考，因為腦子塞住了

寶劍9因為是風元素，又是寶劍8的下一張牌，所有的狀況都來自於他腦袋裡充斥太多負面想法，其實身邊一切祥和，他竟然可以腦補出很多困境嚇自己，而且覺得即將要失敗，把事情想得很悲慘，覺得下一秒就要死掉了。但那只是「覺得」而已，並不是真的。而且這種「死掉」，說不定真的發生比較好，因為就像寶劍10，不管寶劍9擔心什麼，都已經發生了，不然就是醒過來，發現一切都沒事，或是崩潰，依一般狀況來講是「瘋了」，不管是哪一種，都不會再痛苦。因為不管發生什麼，寶劍9的狀態都已經解除了，進入寶劍10的結束狀態。

月亮則是杯弓蛇影，身邊真的有些跡象，但其實沒有好或不好，是因為月亮過去經驗不好，就把一切都想成對他不利的狀態。唯一的好處（可以算是好處吧）是他一生都會如此，所以沒有時效性，他就這樣一輩子擔驚受怕。

對寶劍9來說，這件事情過去，狀況就解除了，就會恢復原狀。而月亮牌因為是個性，沒辦法發生後就消失了，狀況只會越來越擴大，因為月亮是水元素，凡事會渲染跟擴大，就像毛細作用一樣，會無限往邊際加寬。而且「人最害怕的不是事情本身，而是自己對事情的想像」，月亮的恐懼想要結束，只有到它的下一張牌「太陽」出現，把一切照亮，讓月亮疑心生的暗鬼被蒸發，才能回到正常狀態。

我們常常會發現，自己的恐懼，最好的方法就是直接面對它，你反而會發現事情本身並不可怕，可怕的都是你無邊無際的想像力，而且沉溺在妄想中，更不容易爬出來，更有可能永遠陷在裡面。月亮雖然值得同情，但也是因為本性如此，這是他生來的ＢＵＧ，除非經由治療或教育，不然很難改變。

審判與死神、塔、寶劍10

審判是冥王星，陰火加水元素，這張牌非常情緒化，但不像一般的水元素，只能咬牙切齒，不能對你做什麼。審判牌如果想要，隨時可以致人於死地，這還是好的，更可怕的是，你還死不掉，會慢慢折磨你。

跟審判相近的，另外還有死神跟塔，不一樣的地方是，審判跟死神比起來，死神是再生出一模一樣的新生命，就像花開花落，花落了，明年春天還是長出一樣的花，生命的型態是一樣的。但審判就完全不同於以往，甚至是用完全相反的模式展開新生命，活出完全不一樣的自己。如果要說用生命復仇，其實是審判比較適合這種模式。

審判跟塔一樣的地方是，你不知道這個終結何時會到來。如果是死神，就會在身體慢慢虛弱、慢慢衰退之時，生命自然而然的消逝。死神的死亡是「有常」，審判跟塔的生命終結是「無常」，你永遠不知道什麼時候會到達終點，有可能你前一

XX
JUDGEMENT.

XVI
THE TOWER.

XIII
DEATH.

X

天才在慶祝，才大發雄心壯志，但隔天死亡就來到。塔就像天打雷劈，一場意外到來，你的生命就結束了，審判還有一點點喘息的餘地，一點點反悔的機會，但下場都一樣，都是走向終點。但審判很像死之前的開悟，會給你的下一段生命完全不同的品質。

寶劍10則是本來很執著，但突然看清楚什麼都不重要，寶劍9非常痛苦，但我們不可能一直痛苦下去，痛苦到最後，寶劍10只有兩條路，一條是想開了，一條是瘋了，但這兩者都可以不再痛苦，因為瘋了，你的神智就沒有了，想開了，你的執念也沒有了。雖然失去的都是有用的東西，但是因為有用，它就牢牢的捆綁著你，只有瘋了或不要了，會能給你真正的自由。另外一種大部分人很難達到的，不是瘋了也不是放棄了，而是開悟了，每一位成道者，都要經過心魔的考驗，我沒有開悟過，所以也不知道那是什麼，說不定跟瘋了的感覺很像吧？類似濟公那種開悟。

寶劍10經歷寶劍9的折磨，已經到了最終局，即將豁然開朗，寶劍10的益處，就是他可以什麼都不要，之前死死抓住的局面，他突然可以放手了。我們常常說「不幹最大」，什麼都不要，你就沒有把柄或威脅在別人手上了，當然有全面性的自由。

其實審判也有開悟的可能，只是很像一般情況的開悟，經過大事磨難的開悟，很平靜的那種：「開悟之前，吃飯，挑水；開悟之後，吃飯，挑水。」知道平靜悟道的人生，就是順利平常的活下去，感恩每一刻的經過，深知所有的感知都是一種恩賜，在心靈風暴過後，這種結果是最好的終局。

順便講一下，死神的開悟，是幾百世輪迴後的開悟，塔是放下屠刀，立地成佛的那種開悟，只要跟死亡相關，都是開悟的前奏曲。

錢幣10與世界

兩個都是土元素，世界是二十二張大阿爾卡納裡的最後一張，錢幣10是錢幣數字牌的最後一張，兩張牌都有集大成的概念。

世界因為是大阿爾卡納，格局當然比較大，這張牌象徵所有的旅程都到達終點，是一個階段的結束，但也是另一個更大階段的開始。錢幣10也是土元素，但規模比較沒有世界那麼大，世界含有「另一階段再生」的意義，錢幣10比較沒有這麼抽象的涵義，錢幣10就是長期累積，到了一定程度的數量，可以用這個力量做比較大的事。就像錢幣1可能是一家公司，到了錢幣10變成一個集團，如果是世界，一家公司就有一個集團的規模，可能是醫院或政府這種大型機構，但如果是錢幣1，就是一間連鎖店，到錢幣10就是所有連鎖分店綜合起來。

因為世界跟錢幣10的土元素是具體的物質，和錢財跟土地都比較有緣分，但比較不講感情。土元素不是沒有情緒，只是他們習慣用行為來表達，比較不常掛在嘴邊，你如果跟他相處久了，其實會發現這樣比較實惠。

如果要比較，世界可能是老鷹，錢幣10是麻雀雖小但五臟俱全。

錢幣10是家族企業，很多代、很多人累積出來的成果，通常比較封閉，資源不向外釋出，通常也只會用跟自己是親友關係的人來當員工；世界比較開放，雖然比起其他牌也算保守，但通常是網羅各界人才的國際公司，「封閉」這一點，表現在他的產業裡有獨佔性，不允許別人來分一杯羹。還有，錢幣10只是「很多，已經夠了」，因為10是最後一個數字，走到10就已經不需要再前進。而世界才有「改變很漫長」的意思，因為世界是一個完整的生態圈，如果有新的物種要加入，需要經過

VS

很長的考核，時間比錢幣10更長，但也不是完全沒有機會，只是時間比其他牌長。

常常有人分不清楚，「世界」是戀人即將結婚，還是再怎麼長久都不會變成戀人？塔羅界為了這兩個不一樣的結果爭論很久，我個人覺得，要看你們一開始的定位是什麼，如果一開始就是戀人，那世界的「不會改變現況」，也就是你們的關係不會改變，直到結婚為止。如果你們一開始就只是朋友，那之後很長一段時間也只是朋友，不會升級變成戀人或夫妻，除非自己做出很大的改變，但如果世界曾經代表你，那也很難撼動。如果是錢幣10，就算你們結婚，愛意可能淡了，比較多的是責任跟義務的關係。不管是戀人或是夫妻，都是老夫老妻的感覺，比較沒有什麼浪漫的成份，通常是用工作跟孩子在維繫你們之間的感情。當然好不好就要看人，有人覺得這樣很穩定很有安全感，有人覺得這樣很乏味，會很想出外冒險試試看。

權杖2與權杖3

權杖2跟權杖3，因為權杖是火元素，2跟3又是起始數字，所以這兩張牌都是站在起點，打算前進。

權杖2的2是二元性質，但不是一正一反的對立，只是兩個不同方向的選擇，因為權杖是火元素，所以不管哪一個選擇，成功率都很大，只是成就的事情不一

VS

樣。權杖3是已經做出選擇，即將開始前進，3是數字中最小的團隊，「眾」字就有三個人，所以人已經集結起來，火元素表示有力，三個火元素表示三個人都很有才能，只是有的才能不一樣。

以往「3」就是「多數」的代名詞，所以三個方向，簡單來講，就等於一件事情需要準備的不同方向，例如一部電影，需要編輯、導演、演員、音樂、燈光、服裝等不同方向，眾多方向合起來才能集結成一部電影。但「2」就代表兩個方向，每一個方向都有50%的可能性，而火元素的力氣沒辦法分割，一定要一鼓作氣，所以只能選一個方向，然後全力投入。兩個方向雖然不同，但因為是火元素，所以兩個方向都是正面的，卻只能選其中一個，另一個必須放棄。因為力氣不能從不一樣的地方投入，力氣分割了，就分散了，就無力了，所以就無法成功。

還有2跟3是連續數字，一前一後，2是選出確切的方向，3是從這個方向訂出細節，所以3就是分配出細部工作，也就是策劃。我們可以說2是下決定，3是開始籌備工作，我從以前就一直強調，偶數是靜態，單數是動態，所以2是在當場做出決定，但3才開始啟動。

從牌面來看，權杖2是立著兩根權杖，在靜靜思考，他的目光焦點在權杖上，但權杖3的目光焦點在海上來來往往的船，所以焦點在前進的工具上。權杖2是衡量現有的條件，權杖3是規劃路線，研究要怎麼前進。

權杖2是在衡量A或B、黑或白，選定一個方向，但權杖3因為是有不同力量的群眾，我們可以把杖3當成起點，也就是一開始組成的團隊，蓄勢待發。這樣一來3需要交流跟溝通，3本來就有合作的意思，很多人以為2是交流，其實不是，2只代表分成兩邊，兩邊是完全不同的選擇，3才是開始溝通、談判，到4才能有初步的穩定，成為一個基礎，要在上面建設更大的未來。但4的穩定對風跟水來說是限制，所以我們會發現，寶劍4跟聖杯4都不是什麼好牌，4只有在執行力強的火跟土元素，才有比較好的狀況。（詳情請參照前面各個元素4號牌的部分。）

權杖3因為有3，趣味性很高，就算是工作，也可以在工作中找到樂趣，因為3本來就是聚眾的意思，尤其火元素很熱情，火元素又加上3，等於湊在一起開派對。權杖2是把派對主題確定下來，權杖3人開始聚集，一大票人聚在一起，一定是要做點事，不管是玩樂還是工作，都可以有聲有色。

聖杯4與聖杯7

聖杯4跟聖杯7都有消極的意思，但4還能理解，偶數本來就是靜，但單數是動啊！聖杯7怎麼了？聖杯7因為是7，有想要更好的念頭，但做不到是因為水元素，就算想精進，也還是停留在原地，只是想想而已，所有好處都停留在想像中，沒有真的實現。聖杯7很想前進，但水元素惰性太強，邁不開腳步，沒有辦法在真實生活裡真正做到。聖杯4很好理解，需要流動的水元素，被4框住了，等於被封閉的水元素，會變成一灘死水，缺乏鮮活的生命力，所以大多停留在原地，等時間侵蝕自己，有「放爛」的意味。

如果真的要分別，杯7的頭腦還是活躍的，只是行動力太弱，沒有辦法讓自己想像的一切美好成真。杯4是連想像力都沒有了，跟所有人一樣，一天過一天，沒有任何意外的想法，說嚴重一點，有行屍走肉的意味，就算進展到5，也只是多了自怨自艾的「休閒活動」，沒有什麼建設性。

如果抽到聖杯7，代表我們想的太多，做得太少，所以需要火元素，火元素能加強水元素的動力，而且讓水元素的想像力，更為鮮活跟積極。因為火元素也是感性元素，而且非常熱情，有時候動不起來，就是因為想像力不夠栩栩如生，所以難以想像成真的時刻，火元素能讓水元素加溫，而且火元素是新生，可以加強水元素的誕生力量。

如果抽到聖杯4，那就是連想像力都很匱乏，事情在你的頭腦裡，就已經不太吸引人，所以也不會太期待它成真。這時除了火元素，最好還加上風元素，可以賦予這件事比較有趣的成份。因為風元素就是創意，風元素裡的變動宮就是雙子座，

VS

雙子座就是創意王，鮮活的想像力是我們期待事情成真的動力，所以水元素不夠積極，除了要加上代表「生成」的火元素，還要加上讓它變得更有趣的風元素，而且風跟火都是陽性元素，會加強前進的動力。

當然每張牌都有優點，如果在「建議位」抽到聖杯7，聖杯7的好處就是會往好處想，也是想像力豐富。建議應該就現有的資源，去想這些資源，可以如何生成「成品」，也要徵詢其他人，尤其是行動力強的人，要如何強化你的想法，怎麼讓這些想法成真。

如果在「建議位」抽到聖杯4，就是不管你正在做什麼，都留給自己休息的時間，因為想法已經枯竭了，要有讓它重新生出的動力。讓自己放空，也是很重要的放鬆方式，這張牌就是希望你徹底的休息，重新醒過來時，才有全新的想法。

寶劍2與寶劍8

兩張都是寶劍，也就都是風元素，不同的地方是數字，8跟2的差異在哪裡？8是一個累積之後數量很大的數字，風元素是一個完全是腦中念頭的數字，古人說：「識字憂患始。」也就是人一開始思考，就會落入算計，沒辦法真的看清事物真相，因為心中好壞念頭夾雜出現。寶劍牌除了寶劍1，就沒有純粹清明思考的

VS

牌，尤其是8，因為數量龐大，一定多數是負面念頭。

寶劍2只是二元對立，拉扯不斷，但畢竟只有二元，情況不像寶劍8的繁複。寶劍2就只是猶豫不定，至少是「要」或「不要」當中選一個，但寶劍8選項太多，又要曲曲折折，不像寶劍2，下定決心就可以解決了。

2跟8都是偶數，兩個數字動能都不強，但8至少是累積很久，已經有一定的數量跟實力，所以有這麼多寶劍。寶劍8代表思緒很亂，而且依牌面來看，都是負面思想比較多，寶劍9會自我攻擊，自我否定的想法就從8開始。因為8是數量很多的意思，陽性元素是揮發元素，所以到了8，要是火元素還好，權杖8是一股作氣把最後的力量爆發出來，權杖9就有點撐不住，但風元素，也就是寶劍8，是會不自主的把念頭放在沒效益的事情上，並且任由這些想法衍生，讓自己的負面能量越來越重，進而拖垮整個人。

寶劍2就好多了，只是有相對的二元想法出現，左右為難而已，基本上對他人的傷害不大。就算要說傷害自己，也只是做錯決定。但還是在2的階段，做錯決定，下一次改正就好了，對人對己損失都還好，只是停留在自己沒建設性的想法有點久而已。就像我前面說的，寶劍2麻煩不大，轉個念頭就海闊天空了，只是會拖著朋友陪他糾結。寶劍2如果要說大麻煩，那就是從事主的牌中，看到他已經努力很久了，或你認識他，知道他年紀也不小了，如果個性還是這麼糾結，愛找自己麻煩，就會知道還在他身邊的都是容易被影響的人，一個人的沉淪好救，一群人的沉淪卻會變成一種災難。因為寶劍2如果糾結久了，很容易變成下一步寶劍3，雖然也不會太難救，但總是比2麻煩，非常痛苦，就像牌圖一樣，三把劍插在一顆心上，殺傷力總是比2更大。

寶劍8如果在建議位，不是要你做相反的事，如果要你反著做，多的是牌可以讓你抽到，不用讓你選到寶劍8。我們抽到哪張牌，如果是建議的話，就算是負面牌，也總找得出正面的意義，因為我覺得每張牌都是中性的，是好是壞，看你要怎麼使用它，寶劍8是雜思太多，往正面想，就是他會顧慮很多，如果「建議位」出現這張牌，反而是要叫你不要怕傷腦筋，多想一點，才能防範於未然。

寶劍4與寶劍6

有人問寶劍6跟寶劍4，說這兩張都是休息跟暫停，有哪裡不同？兩張都是風元素，陽性元素就是主動元素，4跟6都是偶數，代表比較靜態，4是已經打了基礎，但4也是頑固，會阻礙風跟水的流動，6是完美數，所以雖然大部分寶劍牌都是負面牌，寶劍6卻沒這麼負面，是休息一下，喘一口氣的感覺，不像寶劍4那麼僵化，寶劍6下一步是重新再出發，寶劍4卻連思考都懶得思考，就要變成化石，永遠這樣的感覺。4後來比較像「不得不面對」，但6像是「準備好面對」的感覺，寶劍6比較容易面對，不是因為受傷不夠重，就是因為受傷很重，他的治療也才夠徹底。

寶劍4有逃避現實的感覺，寶劍6只是暫離傷心地，等修復好自己再重新面對。6至少是能接受現實的，4不只沒辦法面對現實，也沒辦法面對自己，所以寶劍4反而好解決，只要換個心情就好了，4只是狀況不佳，所以不需要改變環境，只要改變心態就可以。

以數字來看，4是初步完成，6是基本上整體都好了，6停留在最完美的時候，8是超過所需的充沛豐富，10是整體都已經圓滿。

如果談工作，寶劍4只要休個長假去換換心情，就可以回到崗位上繼續努力。但如果是寶劍6，就一定是受到挫折，一定要換方向或換工作，才能坦然看過去的事，因為如果不抽離，寶劍6就沒辦法冷靜面對現況。寶劍4只是累了，寶劍6是信念受到挑戰，一定要抽換角度，才能冷靜下來。

寶劍4是在這段時間內不受打擾，所以要封閉起來，讓傷口有癒合的餘地，外

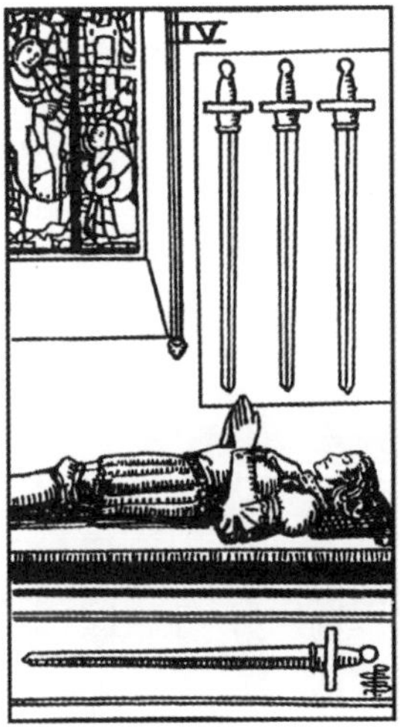

VS

界一點點的碰觸，都會讓傷口痊癒的時間變慢；但寶劍6沒辦法在同一個環境而不想到以前，所以要暴力的改變環境，讓6不看到以往的風景，就可以很快的轉變心情。

既然講到寶劍4跟寶劍6，沒辦法不講到介於兩者之間的寶劍5。寶劍5就像寶劍4勉強自己撐下去，會有的挫敗感跟失落感，所以寶劍5的受挫感很強烈，然接著是寶劍6，就要真正徹底的換環境。因為6是完美數，所以在寶劍到了6的階段，就真正安心了，痊癒了，等7再繼續開始下一階段的挑戰。

在感情上，寶劍4就像交往常會有的倦怠期，只要渡假一趟，或者兩人找一個共同的新興趣，就可以重燃愛火；寶劍6一定要真的離婚，之後展開新的戀情。新對象當然更好，但就算這個新戀情是舊對象也沒關係，一定要兩人有新的體悟，重新開始才有意義。因為寶劍6要有真正的結束跟放下，才會打開新的眼界，也才能想通一些事。

有沒有發現，寶劍6雖然落入更深的失落，但也放下得更徹底，所以比起寶劍4有重生的感覺，寶劍4像是只是睡了一覺。

錢幣皇后與錢幣9

錢幣皇后是土中之水，因為水元素，會有喜歡幫助別人的本能，但他不像聖杯皇后，給的是溫言軟語的鼓勵，錢幣皇后給的是很務實的建議，他很想要解決問題，而不是繼續在情緒中打滾。

錢幣皇后的資源很多，也很願意給出去，只要你不浪費。錢幣國王是會提攜

VS

你，而錢幣皇后是土跟水，水元素比較被動，雖然錢幣國王是土中之土，也很被動，但錢幣國王更難搞，你一定要讓他覺得，幫助你會看到很大的成果，不然他懶得花時間在你身上。錢幣皇后比較有感情，是會為了同情而出手，只是你也一定要讓他看到，他的付出是有成果的。

這張牌的綽號是「貴婦牌」，因為財富有可能是來自於父親或丈夫，他是一個有依靠又有資源的人，如果要靠自己也不是不行，但他就天生有很多資源，不管靠不靠自己。而且錢幣皇后是土中之水，因為有水，所以願意把資源分給旁人，雖然他不是特別愛做善事，但也不喜歡看到別人受苦，只要是皇后牌，「付出」的天性都還滿重的。

錢幣9就比較在乎自己，因為9是個人的最高位置，所以還是把重心放在自己身上，至於他人，除了家人、親人以外，他其實沒有很在乎。這張牌雖然有點獨善其身，但基本上還是利他的，只是利己比利他多一點。如果說事業，比較像是小工作室，自己接案子，或是三人以下的小公司，因為如果一下付出太多成本，他會捨不得，雖然能力很好，但格局不夠大（當然以個人來說，已經是很大的了，但比對錢幣國王是集團的感覺，錢幣9就只是個人工作室了）。其實他不太喜歡把場面搞

太大，因為局面如果太大，會超出他掌控的範圍，

錢幣9也不喜歡別人干涉自己的世界，通常是單身貴族，或有配偶，但配偶自己有自己的世界，兩人各自打理自己的生活。他很有自己的成就，成績不到非常大，但至少可以把自己經營得很好。配偶也可以做到至少不拖累他。

錢幣9是「小貴婦牌」，這也是大家常常不太知道他跟錢幣皇后有什麼差別的原因之一。錢幣9的日子過得很好，其實要說奢華，錢幣9還比錢幣皇后有派頭、追流行，因為錢幣9的個人形象很重要，錢幣皇后的派頭是家世、與生俱來就有的尊貴，但錢幣9比較像普通家庭出身，所以需要一點行頭，靠著包包或衣著、或珠寶手錶這些身外之物，讓人家可以確定他不同於常人，他也才能得到自己該得到的位置。錢幣皇后靠家世，大部分人不能後天生成，比較像皇宮貴族，是天生的；但錢幣9靠自己的力量就能達成，其實這張牌也象徵「雅痞」，雖然不是真正的鉅富，但日子也過得很好，算是進可攻退可守的位置，人生的彈性很大。

Chapter 4

聖三角牌陣與案例

聖三角是萬用牌陣，很多大牌陣的基礎也是聖三角，依序是現況、問題、建議，現況當然要釐清，找出問題點，然後看看有什麼可以做的。

問問題前，要先把問題寫下來，因為我們常常洗牌的時候腦子裡想的是一個方向，例如：不知道下一個工作是什麼？攤牌的時候又會想：不然改行好了。抽牌的時候想：不知道某某公司薪水好不好？

不同的角度，對同一張牌來說差距就很大，所以一定要確定自己的問題，才能確定解讀的方向，而且如果不是很緊急，可以查網路或書，拓寬自己思考的方向，也可以發現很多自己本來沒想到的地方。

聖三角牌陣

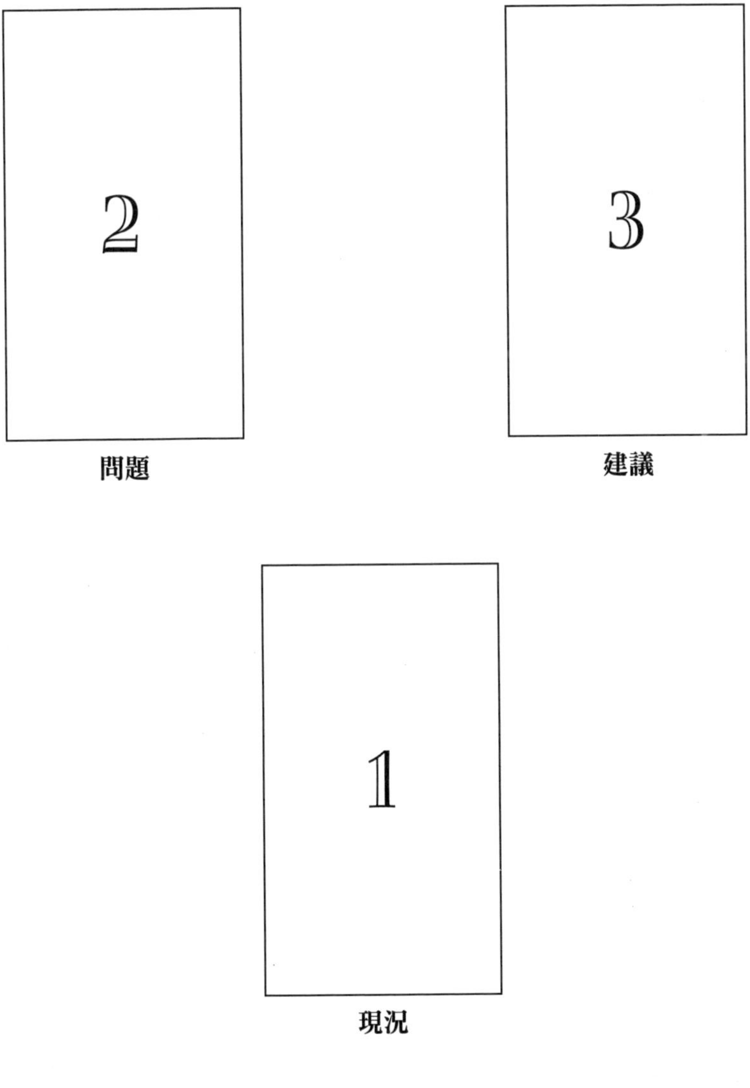

太陽
問題

聖杯 2
建議

聖杯 3
現況

案例一

有一次上韋特塔羅課同學問：她可以結婚嗎？

抽出現況聖杯3，問題太陽，建議聖杯2。

因為都是火跟水，我判斷他們感情沒問題，但如果要結婚，少了土元素，很難穩定下來。

我說：你們相處應該沒有碰到什麼難關，一開始就很合拍，也沒什麼大吵架，所以大家都覺得你們應該結婚。

她回答：是啊！相處沒有問題，感情基礎也夠，下一步不就是結婚？

我說：對，但問題是太陽，表示大家看得到的地方沒問題，但看不到的地方就有點問題了，以這副牌來看，就是因為不吵架，所以不知道在意見相左時，你們會有什麼表現，到時候可能出乎意料，會有沒辦法轉圜的行為。

還好最後的建議是聖杯2，表示問題不大，你們應該退一步的相處，不用太急著結婚，聖杯2就是純粹是好感，還沒進入戀愛，也代表從朋友的眼光看待彼此，不要期待太高，說不定能打下更好的基礎。現況是聖杯3，建議聖杯2就代表退一步，重新審視你們的關係。

她說：是啊！雖然看起來應該結婚，但我就是不太有把握，也不知道問題在哪裡？可能就像你講的，我沒看過他逆境的時候會是什麼樣子。

我說：也不用等著吵架，就觀察他不滿的時候或反對什麼事的時候，會是什麼樣子，正常人應該都不會太嚴重，只是有心理準備而已，不要因為覺得難以想像，就做出太激烈的反應，這樣就好了，看來問題也不大。

她接著說：對，我們真的交往不久，才幾個月。

我說：那就更沒有必要因為別人覺得該結婚了，你們就結婚，要等到心更定下來，自然而然的結婚。

其實看起來問題不嚴重，只是要多想想而已，但如果心理準備更多，失望就會更少，婚姻成功的機率也更高。

案例二

我最近課程學生不多，我在想我是不是過氣了（笑），因為很不安，所以抽牌問：我應該怎麼應對目前的事業發展？

抽出現況錢幣9，問題寶劍8，建議權杖9。

現況：錢幣9，表示我經驗很久，有一定的資源，是的，我從事神祕學滿二十年了，也出版了十本書。

問題：寶劍8，我著重臉書粉專，IG跟Threads我用了都覺得不適應，而且操作方式我覺得很陌生，就跟寶劍8一樣不想踏出新腳步。

建議：權杖9，就跟我之前說的一樣，火元素越到後面的數字越不利，所以牌告訴我，我真的會走下坡，但因為是建議位，權杖9是在不利的環境中，還是要奮力一搏，就算大環境對我不利，但還是有最後一點火種，但格局可能會小一點。因為是建議，牌不可能建議我放棄，所以這張權杖9有可能是等待時機，先把範圍內的事情做好，再等機會。

三張牌中，有對事業比較好的火跟土，而且都暗示我從事這個工作很久，問題是風元素，就是我的困難在於想法沒辦法突破，其實除了我不熟悉的網路媒體，可以用辦活動的方式，或是把課程改成線下，加強跟讀者之間的親近感，總之，我以前覺得不可能的，都要去試試，不要故步自封。

我後來又加一張我該怎麼做？抽到寶劍侍者，代表要我多打聽新的行銷模式，然後聽聽各方意見。因為只是侍者，所以我不需要先投入大筆資金跟心力，先蒐集資料就好，如果是權杖侍者，就代表要我每一樣都投入一點點資金嘗試，但只是寶劍侍者，就可以紙上談兵（笑），先模擬可能性，等到想法真的成熟，或有人帶路，再開始執行，因為寶劍侍者是風中之風，所以一切都還在想法的階段，不急著動作。也有可能我要先把心理準備做好，因為我月亮星座牡羊座，常常還沒真正了解，就砸一堆錢，但目前我不適合這樣做。

寶劍 8

問題

權杖 9

建議

錢幣 9

現況

塔羅占卜洞察力

四元素分析式解構牌義 X 聖三角牌陣全位置詳解，20 年占卜師經驗完全公開

作　　者　天空為限
封面設計　莊謹銘
內頁排版　高巧怡
行銷企劃　蕭浩仰、羅聿軒
行銷統籌　駱漢琦
業務發行　邱紹溢
營運顧問　郭其彬
副總編輯　劉文琪

出　　版　地平線文化／漫遊者文化事業股份有限公司
地　　址　台北市103大同區重慶北路二段88號2樓之6
電　　話　(02) 2715-2022
傳　　真　(02) 2715-2021
服務信箱　service@azothbooks.com
網路書店　www.azothbooks.com
臉　　書　www.facebook.com/azothbooks.read

發　　行　大雁出版基地
地　　址　新北市231新店區北新路三段207-3號5樓
電　　話　(02) 8913-1005
訂單傳真　(02) 8913-1056
初版一刷　2025年9月
定　　價　台幣450元

ISBN　978-626-7623-05-3

國家圖書館出版品預行編目 (CIP) 資料

塔羅占卜洞察力：四元素分析式解構牌義 X 聖三角牌陣全位置詳解 ,20 年占卜師經驗完全公開 / 天空為限著 . -- 初版 . -- 臺北市：地平線文化 , 漫遊者文化事業股份有限公司出版；新北市：大雁文化事業股份有限公司發行 , 2025.09
　面；　公分
ISBN 978-626-7623-05-3(平裝)
1.CST: 占卜
292.96　　114012151